Pratique de l'amour

Michel Bozon

Pratique de l'amour

Le plaisir et l'inquiétude

PAYOT

Retrouvez l'ensemble des parutions
des Éditions Payot & Rivages sur

payot-rivages.fr

Note de l'éditeur. Pour les citations d'Italo Calvino reproduites dans le présent ouvrage, l'éditeur remercie les Éditions Gallimard pour leur aimable autorisation et les Éditions du Seuil pour la présente traduction.

Pour Aurélien, Lucie, Olympe et…

INTRODUCTION

Amour, apprentissages, approches, abandons des débuts, urgence des confidences, violence du désir, corps-à-corps, emprises et dépenses, incertitudes et attentes, pratiques et rites, plaisirs ordinaires, jouissance des réconciliations, connivences, intermittences et désengagement, détachement, histoires de fin et de recommencement…

L'amour est d'abord affaire d'interprétation. C'est un mot que l'on pose sur les comportements d'autres personnes. C'est une façon de parler de soi et de ses actes, et de désigner des perturbations internes, provoquées par quelqu'un d'autre. Mais les jugements sont fragiles et chargés d'incertitude. On se demande souvent si l'on fait la bonne interprétation, si les actes d'autrui traduisent bien de l'amour. De quelles pratiques l'amour est-il donc le nom ? Telle est la première question à laquelle ce livre tente de répondre.

L'amour s'apprend. La Rochefoucauld l'exprime dans sa maxime faussement paradoxale : « Il y a des gens qui n'auraient jamais été amoureux s'ils n'avaient entendu parler de l'amour[1]. » Ce qui est vrai pour chacun d'entre nous l'est aussi historiquement. L'émergence d'un code amoureux, énoncé d'abord de manière principalement littéraire avec l'amour courtois médiéval, a précédé dans le temps celle de relations et de pratiques amoureuses, l'expression par les individus de sentiments amoureux et l'apparition d'une société qui les étaye en leur donnant une place dans l'organisation de la vie collective, avec le triomphe du mariage d'amour dans les premières décennies du XXe siècle. Dans ce mouvement, la littérature a joué un rôle plus central que la philosophie – la poésie amoureuse et l'amour courtois plus que Platon –, même si par ailleurs le caractère paradoxal, contingent et improbable du rapprochement amoureux n'a jamais cessé d'interroger les philosophes et plus récemment les sociologues.

L'amour est une histoire, dont la fin n'est jamais écrite. À Séville, dans le parc de María Luisa, se trouve un très beau monument d'hommage à

1. La Rochefoucauld, *Réflexions ou maximes et sentences morales*, § 316, in *Œuvres complètes*, Paris, Gallimard, coll. « Bibliothèque de la Pléiade », 1964 [1664].

l'amour et au poète romantique Bécquer, composé d'un ensemble de trois statues d'un seul tenant, trois femmes assises côte à côte représentant l'amour qui vient, l'amour qui vit et l'amour qui meurt. Ce monument de 1911 figure les étapes d'une histoire d'amour. Les comportements amoureux ne sont pas le résultat de sentiments amoureux qui leur préexisteraient. Comment l'amour naît-il et se développe-t-il ? Des partenaires se disent amoureux et le deviennent effectivement parce qu'un certain nombre de pratiques interpersonnelles qui les ont rapprochés sont interprétées comme des manifestations d'amour. « Il n'y a pas de chemin, le chemin se fait en marchant », disait le poète Antonio Machado. Comprendre la dynamique de la pratique amoureuse implique d'en dégager le code, à partir des histoires que racontent les amoureux mais aussi ceux qui cessent de l'être.

Le code pratique de l'amour, maîtrisé implicitement par chacun, traduit le sens relationnel des actes entre deux personnes. Ainsi une femme offrait autrefois une faveur, c'est-à-dire un ruban, à l'homme qu'elle voulait s'attacher. Le code amoureux est présent dans tous les actes d'une relation que l'on qualifie d'amoureuse. Comme dans le monument de Séville, l'amour ne se comprend qu'en tenant compte de toutes les phases de l'histoire qui le constituent : naissance, stabilisation, désamour. Les amoureux évoquent le passé de leur relation et s'interrogent sur son avenir. Elle ne se réduit pas à l'amour naissant.

Il n'y a pas d'histoire amoureuse sans aspiration à la réciprocité. Le jeu relationnel comprend toujours au moins deux partenaires, sans compter les tiers qui l'observent et le commentent. Un amour où l'on ne se soucierait jamais de la réponse de l'autre serait pure folie, dérangement ou fixation, même si paradoxalement aucune histoire amoureuse ne peut débuter sans ces moments de folie et d'abandon. L'attente de réciprocité est aussi souvent génératrice de plaisir que d'inquiétude. L'autre ne répond pas, ou pas assez spontanément, aux dépenses de soi de son partenaire. L'enthousiasme de l'un n'est pas partagé par l'autre. Le bilan des échanges n'est pas toujours satisfaisant. L'avenir de l'histoire est incertain.

Naguère fortement marqué par l'inégalité des conditions sociales des femmes et des hommes, l'échange amoureux est devenu à l'époque contemporaine plus équilibré et moins asymétrique, malgré des divergences persistantes dans les modes d'expression amoureuse, et le maintien de représentations sociales stéréotypées des rôles de chacun dans l'amour.

L'amour ne naît pas de bons et nobles sentiments – générosité, désintéressement ou bienveillance – même s'il peut en produire. L'abandon de soi, ou la *remise de soi*, est un moment essentiel de toute relation amoureuse : on décide de se déprendre de soi et de donner prise à une autre personne. C'est une expérience de mise en jeu de ses attributs personnels face à un autre, qui crée de l'intensité dans les vies mais qui comprend toujours une part de risque et de calcul. Une interprétation classique de ce comportement par l'ethnologue Marcel Mauss, dans son *Essai sur le don*[1], est que faire un don, c'est présenter quelque chose de soi, et qu'en raison du lien qui se maintient entre le donateur et la chose donnée, il est obligatoire de rendre pour celui qui reçoit. Lorsqu'on s'expose personnellement en livrant des territoires de soi, on espère être payé de retour. L'abandon amoureux n'est pas exempt de stratégie. Le gain que l'on recherche, en le disant ou sans le dire, est l'exercice d'un pouvoir ou d'une *emprise sur l'autre*. Le pouvoir a été défini par Michel Foucault comme le fait d'agir sur les actions d'un autre, comme une action sur des actions. Le pouvoir circule, et

1. Marcel Mauss, « Essai sur le don. Forme et raison de l'échange dans les sociétés archaïques », in *Sociologie et anthropologie*, Paris, PUF, 1985 [1950], p. 145-165.

tout pouvoir appelle un contre-pouvoir : « Quand on définit l'exercice du pouvoir comme un mode d'action sur les actions des autres, quand on le caractérise par le "gouvernement" des hommes les uns par les autres – au sens le plus étendu de ce mot –, on y inclut un élément important : celui de la liberté[1]. » De même que pouvoir et liberté ne s'opposent pas pour Foucault, pouvoir et amour vont de pair ; le pouvoir est une composante essentielle de l'échange amoureux. Mais il s'agit d'un pouvoir qui fait agir et réagir plutôt que d'une force qui soumet.

Le *plaisir* qui est recherché et éprouvé dans l'amour n'est pas la simple satisfaction d'obtenir ce que l'on désire, ou un bien-être. Pour Roland Barthes, qui l'évoque dans *Fragments d'un discours amoureux*[2], le plaisir amoureux provient de la dépense de soi, de l'intensification de sensations, « comme le vent au visage[3] », liée à la circulation du pouvoir de l'un à l'autre. Et inversement le déplaisir tient au sentiment de

1. Michel Foucault, « Le sujet et le pouvoir », in *Dits et Écrits*, t. 2, Paris, Gallimard, coll. « Quarto », 2001, p. 1056.

2. Roland Barthes, *Fragments d'un discours amoureux*, Paris, Seuil, 1977.

3. « Il n'y a peut-être pas au monde de sentiment plus vif, comme le vent au visage, que celui de ce renouveau qui vient d'avoir dit à une femme : Je vous aime. » Louis Aragon, *Aurélien*, Paris, Gallimard, coll. « Folio », 1986 [1944], p. 181.

lourdeur provoqué par la présence massive et importune de l'autre, quand plus rien ne circule entre les amoureux.

Le premier chapitre est consacré aux débuts amoureux, définis par l'expérience simultanée de la remise de soi et de l'emprise sur l'autre. Le deuxième chapitre porte sur l'expérience de l'amour dans les relations stables et les couples, caractérisée par une intermittence qui fait alterner temps forts et temps faibles. Le troisième chapitre, sur le désamour, analyse l'expérience de l'éloignement amoureux et ses ambiguïtés. Ces trois chapitres content une seule et même histoire. L'amour naissant permet de comprendre le désamour, dans lequel se défait une emprise. Et l'amour dans les relations conjugales prend toujours comme référence l'amour des débuts, étalon de l'intensité amoureuse.

Ce livre fait appel à des études sociologiques, voire historiques, mais aussi et surtout à des sources littéraires ou cinématographiques. La force de la littérature est d'évoquer des pratiques et des détails apparemment sans importance, et de s'attacher à les interpréter. On l'utilise ici en voleur, sans hiérarchiser les auteurs, en retenant tout ce qu'elle dit des formes les plus banales de l'histoire amoureuse. On laisse ainsi de côté le coup de foudre, forme plutôt rare du rapprochement amoureux, pour s'intéresser à *l'amour progressif*, relation qui se constitue graduellement à partir des échanges entre partenaires. Cette forme amoureuse s'est élaborée progressivement depuis le XIXe siècle, et certains éléments en étaient présents dans des siècles antérieurs. Il y a donc sens à citer des écrivains du XIXe siècle, autant que des auteurs du XXe et du XXIe siècle. S'il est facile d'aller voir ce que les écrivains disent des débuts amoureux, et à un moindre degré du désamour, en revanche il sera difficile de trouver des références à l'amour dans la vie conjugale ou dans la relation établie, qui est peu présente dans les récits littéraires.

Ce livre n'est ni un éloge ni une critique de l'amour. Dans un essai paru en 2014[1], Ruwen Ogien critique les auteurs qui font l'éloge de l'amour. Leur idéalisme s'avère, selon lui, moraliste et conservateur et fait de l'amour la consolation ou le supplément d'âme d'un monde désenchanté. Il défend au contraire l'idée que l'amour est un rapport sans qualités, qui n'a pas de valeur morale ni d'importance particulière. Un autre point de vue est pris ici. Il ne s'agit ni de désenchanter ni d'idéaliser l'amour, mais de chercher à comprendre comment une expérience faite de pratiques aussi ordinaires introduit tant d'intensité dans nos vies.

1. Ruwen Ogien, *Philosopher ou faire l'amour*, Paris, Grasset, 2014.

1

Abandon de soi et emprise sur l'autre dans les amours naissantes

Les histoires d'amour que content la littérature et la chanson populaire sont des histoires de début ; moins souvent des fins d'histoire, désamour ou chagrin amoureux. Quant aux témoignages littéraires sur l'amour qui dure, ils sont rarissimes, comme s'il ne se passait rien d'amoureux entre l'amorce et le terme de l'histoire. Parler d'amour, c'est le plus souvent parler d'un surgissement, dont la contingence miraculeuse fait rêver ou affole. Si tomber amoureux est souvent présenté comme une forte perturbation personnelle et un plaisir sans pareil, c'est aussi une expérience banale, faite d'une succession de pratiques tout à fait ordinaires.

Les débuts amoureux sont d'abord des pratiques entre deux personnes, qui vont être *interprétées* par l'un et par l'autre comme ayant un sens amoureux. En d'autres termes, ce n'est pas l'existence préalable d'un sentiment amoureux qui provoquerait des manifestations d'amour ; c'est parce que des comportements relationnels sont reconnus par les intéressés, parfois avec l'aide de tiers, comme le scénario d'une relation amoureuse que l'affect se met en route. De quels actes et pratiques s'agit-il ? Qu'est-ce qui pousse les intéressés à les interpréter en termes amoureux ? Quels types de rapports s'établissent alors entre les partenaires ? C'est à ces questions que l'on tente de répondre.

L'amour naissant se caractérise plus précisément comme un moment d'intense circulation de biens, d'informations et de signes entre des partenaires. L'observation des débuts rend visible la logique relationnelle qui produit ce sentiment d'être amoureux. À l'époque contemporaine, elle repose sur un double mécanisme, dans lequel l'engagement de l'individu prend la forme d'une *remise* de soi, consciente ou inconsciente, produisant une *emprise* sur l'autre, et une action en retour de ce dernier. À ce titre, l'amour associe simultanément des expériences d'abandon de soi et de pouvoir chez chacun des acteurs ; il implique une réciprocité. Ce mécanisme paradoxal de déprise de soi et d'emprise dans la réciprocité est rendu encore plus complexe dans la modernité tardive par le fait que la remise de son corps, c'est-à-dire l'entrée dans la relation sexuelle, intervient dès les phases initiales de l'histoire commune, alors qu'elle n'en était naguère que l'aboutissement, ce qui affecte tout le mécanisme amoureux. Cette logique relationnelle pose la question des rapports sociaux dans lesquels l'amour prend naissance, notamment les rapports de genre, et de la manière dont ils sont ébranlés ou à l'inverse consolidés par le processus amoureux.

La grande majorité des histoires amoureuses se construisent à partir d'un engagement progressif des acteurs, hier comme aujourd'hui. Le paradoxe est qu'on parle davantage du *love at first sight,* traduit en français par coup de foudre, dans lequel le sentiment amoureux surgirait de façon instantanée et spontanée, sans étape ni processus de rapprochement. Cette idée romantique de l'amour où tout se déciderait à la première rencontre est un grand mythe populaire et littéraire, mais ne correspond à l'expérience que d'une faible part des individus qui vivent une relation durable[1]. Dans l'optique de rendre

1. Seuls 13 % des personnes en couple déclarent avoir connu un coup de foudre quand elles ont rencontré leur conjoint. Voir le chapitre 1 de Michel Bozon, François

compte des expériences ordinaires de l'amour, le coup de foudre sera donc laissé de côté.

Ce livre n'est pas une étude historique, ni une enquête sociologique, mais un essai qui se fonde sur des données historiques et sociologiques, ainsi que des œuvres littéraires et cinématographiques, voire des textes philosophiques. Dans le chapitre on parcourt tout d'abord un certain nombre de discours, écrits et théories sur l'amour, ayant abordé le mécanisme paradoxal d'élaboration de la relation amoureuse. Puis ce sont des sources littéraires ou cinématographiques qui sont principalement utilisées, parce que, et dans la mesure où, elles traitent les débuts amoureux comme un déroulement ou comme une histoire. Des études sociologiques traitant précisément des étapes de l'amour naissant sont également sollicitées. Ce sont les pratiques des amoureux, et ce que ces derniers en disent, qui retiennent l'attention. Les textes sont abordés plutôt à partir des détails, qu'à partir des histoires et scénarios qu'ils déroulent. Roland Barthes accompagne tout le chapitre avec ses *Fragments d'un discours amoureux*, fondés à la fois sur des réflexions à partir de la littérature (Goethe et *Les Souffrances du*

Héran, *La Formation du couple*, Paris, La Découverte, 2006, p. 51.

jeune Werther par exemple) et sur l'analyse d'expériences amoureuses personnelles et de proches.

Dépendance et réciprocité. Jalons de la réflexion sur l'amour en Occident

L'amour établit des liens entre les partenaires. Comment l'interdépendance se construit-elle ? Quelle place la réciprocité y joue-t-elle ? Examinons quelques étapes de la réflexion sur ce processus, dont les paradoxes et les contradictions ont intéressé les philosophes et les écrivains.

Dans *L'Amour et la Justice comme compétences*[1], Luc Boltanski fournit des outils pour cette réflexion : remontant aux formulations qu'en ont données les philosophes grecs de l'Antiquité, et dans le prolongement de ses travaux sur les fondements du lien social, le sociologue envisage les principes des liens privés. Trois espèces d'amour sont ainsi distinguées : l'*eros*, la *philia*, l'*agapé*. L'*eros*, tel que Platon l'a envisagé, exprime un sentiment de privation et une volonté impérieuse d'acquérir l'objet ou l'être désiré. Il n'y a pas de réciprocité possible

1. Luc Boltanski, *L'Amour et la Justice comme compétences*, Paris, Métailié, 1990.

entre l'amant et l'être aimé (l'éraste et l'éromène), qui sont à tous points de vue différents et hiérarchisés. L'amant est attiré par la vertu ou la beauté de l'être aimé, et ce dernier, dans la tradition platonicienne, reçoit l'enseignement de l'amant. L'échange égalitaire est en revanche au fondement de la *philia*, décrite dans *L'Éthique à Nicomaque* d'Aristote. Cette sorte de bienveillance mutuelle, fondée sur une réciprocité stricte entre des amis, ne peut unir que des égaux et ne concerne pas la relation entre mari et femme. Dans l'*agapé*, en dernier lieu, qui prend racine dans le christianisme naissant, l'amour se présente comme un don gratuit, désintéressé, unilatéral, une sorte de bienveillance universelle sans attente de réciprocité. Cette distinction entre trois modèles peut être utilisée pour élaborer une grille de lecture des manifestations empiriques de l'amour. Une représentation de l'*eros* légèrement différente est proposée par les historiens Sandra Boehringer et Stefano Caciagli[1], qui s'appuient sur la poésie chantée, plutôt que sur la philosophie : le désir amoureux apparaît alors comme la relation asymétrique d'un poursuivant et d'un poursuivi toujours plus jeune, mais dont

1. Sandra Boehringer et Stefano Caciagli, « L'âge des amours. Genre et réciprocité érotique en Grèce archaïque », *Clio*, 42, 2015, p. 22-52.

il s'agit d'obtenir le consentement. Une forme de réciprocité dans l'asymétrie est bel et bien possible et recherchée.

L'un des premiers efforts pour penser des relations amoureuses mutuelles entre hommes et femmes se situe vers le XIIe siècle, en Occitanie, avec l'invention de l'amour courtois, qu'étudie René Nelli dans *L'Érotique des troubadours*[1]. Ce jeu aristocratique et littéraire définit et codifie les conditions et les étapes d'une vraie relation amoureuse, d'un amour épuré *(fin'amor)*, qui fuit la vulgarité et la brutalité des mariages ordinaires. Ce code d'une relation idéale traduit une sensibilité émergente, plus qu'il n'exprime une réalité de l'époque. Deux conditions classiques ont été formulées par ceux qui en ont fixé les règles. D'une part, l'amour idéal est nécessairement adultère, car il est inconcevable dans le cadre du mariage, où le mari a les prérogatives d'un maître. D'autre part, le vrai amour implique paradoxalement une inégalité sociale, entre une dame d'un lignage élevé et un amant de plus basse extraction : la domination masculine est en effet telle que la création d'une égalité en amour est impensable sans un déséquilibre initial dans l'autre sens.

1. René Nelli, *L'Érotique des troubadours*, Toulouse, Privat, 1984 [1963].

La relation amoureuse s'établit à travers une série d'épreuves contrôlées par la dame, par lesquelles l'amant marque sa soumission, comme un vassal à son suzerain. L'exercice de servage amoureux épure le sentiment, tout en échauffant les corps. Typique à cet égard est l'une des ultimes épreuves avant le passage à l'acte charnel, la cérémonie intime de l'*asag*, ou essai : l'amant passe une nuit avec la dame qu'il doit « respecter ». La description de l'amour comme un processus à étapes retient l'attention. Le débat de savoir si les amants accomplissent vraiment l'acte charnel, qui a fait couler beaucoup d'encre, est relativement secondaire. L'importance des épreuves qui permettent d'accéder à la dame donne de toute façon une grande valeur au sentiment éprouvé, dans toutes ses composantes, y compris sexuelles. Il faudra de nombreux siècles, avant que ce code amoureux hétérosexuel, initialement adultère et transgressif, ne devienne une forme dominante du processus amoureux, inscrite dans le système social à travers le mariage, acceptée par l'Église et productrice d'une subjectivité amoureuse.

De cette évolution de la sémantique amoureuse, le sociologue allemand Niklas Luhmann entreprend la généalogie dans son ouvrage *Amour comme passion. De la codification de l'intimité.* L'amour n'est pas appréhendé comme un sentiment, mais comme un code général de communication qui, au terme d'une longue évolution, a établi les bases de l'individualité contemporaine et d'un domaine de l'intimité, dont le fonctionnement contraste radicalement avec le monde de l'anonymat et des relations impersonnelles de la sphère publique. Dans l'histoire de cette sémantique, la codification « a été tout d'abord entreprise en dehors de tout cadre établi et cette possibilité a dû être payée par des "concessions" dans la sémantique – avant tout par l'aveu du caractère déraisonnable, illusoire, instable de ces relations[1] ». Luhmann rappelle que le code a d'abord été un idéal (amour courtois), avant de se présenter comme paradoxe et déraison (amour-passion du XVIIe siècle), puis comme reflet d'une autonomie (amour romantique au XIXe siècle). À partir de l'amour romantique, dont nous sommes les héritiers, l'autre ne vaut plus seulement pour sa vertu ou pour sa beauté, mais parce qu'il constitue à lui seul un monde égocentré, dans lequel la personne amoureuse va trouver du sens et qu'elle va s'intéresser à vouloir connaître et incorporer. Ainsi, l'amour est, selon l'expression complexe de Luhmann, « l'internalisation de la référence au monde subjectivement systématisée

1. Niklas Luhmann, *Amour comme passion. De la codification de l'intimité*, Paris, Aubier, 1990 [1982], p. 49.

d'un autre[1] ». L'amour contemporain implique le « concept néohumaniste et romantique d'un individu à la fois ouvert au monde et qui se constitue son propre monde[2] ». Il suppose l'existence d'un domaine de l'intimité. Mais les femmes et les hommes n'y occupent pas la même place.

Avec son article « Production du sentiment amoureux et travail des femmes[3] », publié en 1982, Sonia Dayan-Herzbrun propose une lecture féministe et critique de l'amour romantique, marquée par la volonté d'en dévoiler les ressorts inégalitaires. La sociologue constate une dissymétrie dans les sentiments amoureux des hommes et des femmes, entraînant une dépendance affective des femmes, bien au-delà de leur dépendance matérielle. Cette dépendance affective est un des produits de l'idéologie amoureuse romantique. L'éducation donnée aux petites filles, ainsi que tous les discours que les femmes entendent et qu'elles lisent les poussent à se voir comme des êtres incomplets et à espérer la venue d'un homme miraculeux et unique, dont l'amour permettra d'achever la construction de leur iden-

1. *Ibid.*, p. 40.
2. *Ibid.*, p. 221.
3. Sonia Dayan-Herzbrun, « Production du sentiment amoureux et travail des femmes », *Cahiers internationaux de sociologie*, vol. LXXII, 1982, p. 113-130.

tité de personne et de femme. À cet homme, elles feront don d'elles-mêmes, dans l'abnégation et le dévouement. Des hommes amoureux on n'attend aucun de ces comportements à l'égard des femmes. Cette grande différence dans les obligations que le discours romantique impose aux hommes et aux femmes attire l'attention sur les relations de pouvoir dans l'expérience amoureuse.

De Sartre à Bourdieu : le paradoxe de l'amour comme libre aliénation

Les réflexions de Jean-Paul Sartre sur l'amour envisagent la question du pouvoir, pensée comme *propriété*, et de la liberté dans la relation entre les amants. « C'est de la liberté de l'autre en tant que telle que nous voulons nous emparer. » Mais il ne s'agit pas d'asservir, ni de posséder comme une chose. L'amant « veut posséder une liberté comme liberté [...]. Il veut être aimé par une liberté et réclame que cette liberté comme liberté ne soit plus libre. Il veut à la fois que la liberté de l'Autre se détermine elle-même à devenir amour – et cela, non point seulement au commencement de l'aventure, mais à chaque instant – et, à la fois, que cette liberté soit captive par elle-même, qu'elle se retourne sur elle-même, comme dans la folie, comme dans le rêve, pour vouloir sa captivité. Et cette captivité doit être démission libre et enchaînée à la fois entre nos mains[1]. »

Prise de pouvoir sur un partenaire, l'amour requiert paradoxalement à la fois la liberté et l'aliénation de l'être aimé. Le sexe des partenaires n'est pas pris en compte, même si l'on peut penser que la description est largement menée du point de vue masculin, et n'est pas entièrement transposable à l'expérience des femmes. Ce thème de la « libre aliénation » a été repris et transformé par Pierre Bourdieu dans son « Post-scriptum sur la domination et l'amour[2] ».

À la fin de son livre *La Domination masculine,* Pierre Bourdieu a en effet placé un texte sur l'amour qui a surpris les lecteurs, car il tranchait fortement sur le reste du livre. Le sociologue justifie sa décision d'aborder « l'univers enchanté des relations amoureuses » par le désir qu'il a d'éviter de paraître s'adonner au « plaisir de désillusionner », péché mignon des sociologues. La question centrale est la suivante : « L'amour est-il une exception, la seule, mais de première

1. Jean-Paul Sartre, *L'Être et le Néant*, Paris, Gallimard, 1943, p. 434-435.

2. Pierre Bourdieu, « Post-scriptum sur la domination et l'amour », in *La Domination masculine*, Paris, Seuil, 1998, p. 116-119.

grandeur, à la loi de la domination masculine, une mise en suspens de la violence symbolique, ou la forme suprême, parce que la plus subtile, la plus invisible, de cette violence ? » La seconde option est vérifiée lorsque l'amour prend, parfois pour les femmes, la forme de l'amour du destin (« trouver aimable celui que le destin social vous assigne »). Inversement, l'emprise mystérieuse de l'amour peut s'exercer sur les hommes et déterminer des renversements ponctuels du rapport de domination. S'en tenir là, cependant, dit l'auteur, ce serait rester dans la perspective de la lutte et de la guerre et exclure la possibilité de la mise en suspens de la force et des rapports de force. Au prix d'un travail de tous les instants, il est possible d'arracher « l'île enchantée de l'amour » aux eaux froides du calcul, de la violence et de l'intérêt, superbe retournement de la formule par laquelle Marx résumait le passage au capitalisme dans *Le Manifeste du parti communiste* (1848). L'amour est ainsi lieu de tous les miracles : la non-violence, les relations fondées sur la pleine réciprocité, la reconnaissance mutuelle, le désintéressement… La forme suprême de ce miracle, c'est le don de soi et de son corps, objet sacré entre tous. « L'amour pur », cet art pour l'art de l'amour, déclare Pierre Bourdieu, est une invention historique relativement récente. Le fait qu'il ne se rencontre que très rarement sous sa forme accomplie ne l'empêche pas d'être institué en norme ou en idéal pratique, digne d'être poursuivi pour lui-même. Situé au-delà de l'alternative de l'égoïsme et de l'altruisme, le sujet amoureux ne peut obtenir la reconnaissance que d'un autre sujet, mais qui abdique, comme lui-même, l'intention de dominer. En définitive, les amoureux coïncident « dans un acte de libre aliénation indéfiniment affirmé ». Le sujet amoureux s'éprouve ainsi comme un créateur quasi divin qui élabore, *ex nihilo*, la personne aimée à travers le pouvoir que celle-ci lui donne. Mais ce créateur en retour et simultanément se vit comme la créature de sa créature. Le cercle formé par la dyade amoureuse a ainsi un pouvoir de consécration et de légitimation presque aussi fort que les institutions et les rites de la société.

Dans sa présentation de l'amour, l'auteur de *La Domination masculine* propose une vision utopique et théorique de l'amour pur, qui suspend l'analyse des réalités amoureuses empiriques en imaginant des relations fondées sur la pleine réciprocité. Alors qu'il est considéré avant tout comme un sociologue critique, Pierre Bourdieu apparaît ici comme ne dédaignant pas l'utopie. Il justifie cette posture dans un éloge à Ernst

Bloch[1], où il décrit avec sympathie la figure de « l'utopiste raisonné », qu'il définit comme étant celui qui « anticipe psychologiquement un possible réel », en évitant simultanément les écueils du « sociologisme », soumission pure et simple aux lois sociales, et ceux de « l'utopisme pur », défi aventureux à ces mêmes lois. Il semble bien que dans la tâche difficile d'imaginer des sorties à la domination masculine, l'auteur ait eu ici besoin de l'utopie pure de l'amour pur, île enchantée qui échapperait de manière inexplicable aux rapports inégaux entre les sexes, par le mystérieux renoncement des partenaires à dominer. Pour rendre compte du processus de l'enchantement amoureux, il semble pourtant important de ne pas « déréaliser » l'échange qui se produit entre partenaires et les conditions dans lesquelles il se déroule.

La remise de soi dans les relations amoureuses et les autres

Envisager l'amour comme pratique implique de prendre au sérieux l'idée de don de soi, émise

1. Voir Pierre Bourdieu, « Le néolibéralisme comme révolution conservatrice », in *Interventions 1961-2001*, Marseille, Agone, 2002, p. 349-355.

par plusieurs des auteurs qui viennent d'être cités, et aussi par l'ethnologue Marcel Mauss, cité en introduction, mais qui ne l'applique pas aux relations amoureuses. On nomme *remise de soi* ce don de soi actif, qui se manifeste par des actes très divers.

Toute relation entre individus s'élabore à partir d'une suite ordonnée de remises de soi partielles, conscientes ou inconscientes. On s'en tiendra ici aux relations amoureuses, même si la notion de remise de soi peut s'appliquer *mutatis mutandis* aux relations d'amitié, aux relations de confidence, aux relations de voisinage, aux camaraderies, à l'amour entre parents et enfants, etc. Ce sont la nature et le volume des remises de soi, ainsi que les statuts respectifs des remetteurs/receveurs, qui délimitent le type de la relation. La plus ou moins grande transitivité des flux définit une relation équilibrée ou au contraire inégalitaire. La représentation commune et quelque peu cynique, selon laquelle il ne conviendrait de voir dans les relations amoureuses que des stratégies de captation de services (par exemple sexuels) et de biens (matériels et symboliques), est donc inversée, mais sans verser dans la naïveté ou dans l'idéalisme : ainsi ce qui fait du choix matrimonial ou amoureux contemporain un marché bien particulier est précisément qu'il y est impossible, contrairement à ce qui se passe dans le marché immobilier, de se porter acquéreur sans « payer de sa personne » au sens strict, ce qui ramène à l'idée de remise de soi. « Aimer est le projet de se faire aimer », dit Sartre. On n'obtient un accès amoureux à l'autre qu'en étant accepté soi-même comme moyen de paiement.

L'existence d'une homogamie sociale, c'est-à-dire le fait bien connu que les couples soient composées de partenaires proches par les origines sociales familiales, ne signifie pas que toutes leurs caractéristiques personnelles soient identiques[1]. Si l'homogamie culturelle, le fait que les partenaires aient des niveaux d'éducation comparable, est généralement vérifiée, il reste que les femmes occupent des positions socioprofessionnelles généralement inférieures à celles des hommes.

1. Voir François de Singly, « Théorie critique de l'homogamie », *L'Année sociologique*, 37, 1987, p. 181-205 ; Michel Bozon, « Mariage et mobilité sociale en France », *Revue européenne de démographie*, 2, 1991, p. 171-190 ; Michel Bozon, « Apparence physique et choix du conjoint », *in* Louis Roussel, Thérèse Hibert (dir.), *L'Évolution de la nuptialité en France et dans les pays développés*, Paris, INED, 1991, p. 93-112 ; Michel Bozon, « Les femmes et l'écart d'âge entre conjoints. Une domination consentie I et II », *Population*, n° 2, 1990, p. 327-360 ; et n° 3, 1990, p. 567-602 [la plupart de ces articles ont été rassemblés dans M. Bozon et F. Héran, *La Formation du couple*, *op. cit.*] ; voir aussi Marie Bergstrom, « L'âge et ses usages sexués sur les sites de rencontre en France », *Clio*, 42, 2015, p. 125-146.

Pour cette raison, mais aussi en raison de toute la socialisation de genre différentielle, les hommes et les femmes ne disposent pas des mêmes ressources lorsqu'ils se rencontrent. Le jeu amoureux est d'emblée marqué à la fois par les inégalités et les différences, qui sont accentuées par les écarts d'âge entre partenaires.

Amour naissant : le type idéal de la relation progressive

Les relations amoureuses débutantes ne se ressemblent pas toutes. Ainsi le début d'un *one-night stand*, c'est-à-dire d'une relation sexuelle brève et sans lendemain, a peu à voir avec la naissance d'un amour progressif, ni même avec un coup de foudre amoureux. Dans une « histoire d'une nuit », comme peut-être dans les « amours de vacances », l'achèvement rapide de la relation fait pendant à son temps de maturation initiale bref. Dans cette union sans passé et sans futur, les amants prêtent leur corps, mais ne remettent rien d'eux-mêmes, quelquefois même pas leur prénom. Dans les « plans culs », sur lesquels on reviendra, comme dans les relations sans engagement de type *ficar* au Brésil, tout est fait pour que la relation ne « prenne » pas : on se transmet peu d'informations personnelles et la quasi-totalité du temps passé ensemble est consacré à l'activité sexuelle. Dans le modèle du coup de foudre, tout se décide au premier coup d'œil, le rapprochement est instantané. Si la relation dure ensuite au-delà du *flash* initial, ce qui n'est pas fréquent, il faut passer du temps à éclaircir les zones d'ombre de l'autre.

La grande majorité des rencontres amoureuses qui débouchent sur des relations relativement stables (que l'on peut baptiser « couples ») prennent la forme d'un engagement progressif, où la relation se construit en se nourrissant des pratiques et échanges initiaux entre partenaires. C'est l'échange et la circulation de biens, d'informations et de signes qui amorcent la relation entre les amants, c'est-à-dire un double dispositif de pouvoir et de dépendance, associé à une transformation personnelle (on *devient* amoureux), dans un cadre de réciprocité. C'est le type idéal de l'amour progressif qui est présenté dans la suite de ce chapitre. Pour les sociologues, un type idéal n'est pas un modèle à suivre, mais simplement une construction théorique dans laquelle les traits d'une réalité sont accentués pour la rendre plus compréhensible.

La séquence des remises de soi

Que se remettent d'eux-mêmes des sujets amoureux, ou en passe de le devenir, dans une relation naissante ?

Ils se remettent d'abord des *informations confidentielles*, l'un sur l'autre, mais aussi sur d'autres personnes[1]. Selon Barthes, « toute curiosité intense pour un être rencontré vaut en somme pour de l'amour[2] ». Dans un groupe ou dans une réunion sociale, on reconnaît deux amoureux – que leur relation soit notoire ou non – au fait qu'ils parlent plus bas. Ils ont des secrets. Dans *Métamorphoses d'un mariage* du hongrois Sándor Márai, un homme raconte les premiers mots échangés, lors d'une fête de famille, avec la femme qui le trouble : « Nous parlions rapidement et à voix basse, comme si nous avions à craindre l'intrusion d'un importun, nous nous entretenions comme des conjurés, ou plutôt comme un voleur et son complice[3]. » Si les entreprises privées n'apprécient guère l'existence en leur sein des dyades amoureuses, c'est parce que leurs membres cumulent

1. Alfred Gell, « Amour, connaissance et dissimulation », *Terrain*, 27, septembre 1996, p. 5-14.

2. Roland Barthes, *Fragments d'un discours amoureux*, Paris, Seuil, 1977, p. 234.

3. Sándor Márai, *Métamorphoses d'un mariage*, Paris, Albin Michel, 2006, p. 203.

des informations mais ne les partagent pas avec les autres. Ils « grippent » la circulation et la communication au sein du groupe.

Les amoureux débutants se remettent leur *temps*, qui est un bien aussi précieux que le corps. Ils se « voient », ils passent du temps l'un avec l'autre. S'ils ne peuvent se voir, ils se disent ce qu'ils font de leur temps quand ils ne sont pas ensemble. Isabelle Clair indique que les jeunes amoureux dans les quartiers de banlieue passent un temps infini le soir à se raconter leurs journées au téléphone[1]. Même si cette remise n'est pas nécessairement égale entre les partenaires, cela ne l'empêche pas de fonctionner comme une règle de base.

Les sujets se remettent par ailleurs leur *espace*, ou plutôt des fractions de leurs espaces, dans la mesure où chacun se définit par des liens à des ensembles de lieux (quartier de résidence, région ou pays d'origine, lieu d'élection), plutôt qu'au seul espace domestique. Mais de nouveau, l'inégalité des remises est fréquente, comme lorsqu'un sujet marié a une relation amoureuse avec une personne qui vit seule, qu'il rencontre systématiquement au domicile de cette dernière, sans que son propre espace de vie soit connu

1. Isabelle Clair, *Les Jeunes et l'Amour dans les cités*, Paris, Armand Colin, 2008.

d'elle. Vouloir absolument que quelqu'un visite un lieu avec soi, c'est vouloir lui remettre ce lieu.

Les sujets amoureux se remettent leur *réseau amical.* Même si cette remise correspond à un comportement attendu (la présentation des amis), elle est généralement très sélective. On choisit soigneusement les amis ou les proches qu'on donnera à connaître et ceux qui resteront connus de soi seul. Certains sont présentés avant d'autres.

Les sujets se remettent leur *passé*, passé familial, mais aussi passé conjugal ou amoureux. Au début de *Madame Bovary*, le médecin Charles Bovary parle avec la fille d'un patient, Emma, dont il va tomber amoureux : « Elle se mit à causer du couvent, Charles de son collège, les mots leur vinrent. Ils montèrent dans sa chambre. Elle lui fit voir ses anciens cahiers de musique [...]. Elle lui parla encore de sa mère, du cimetière[1]. » Lorsque ni l'un ni l'autre ne réalise cette anamnèse, cela définit un style particulier de relation inscrite dans l'instant, non destinée à durer. Le film *Intimité* (2001) de Patrice Chéreau fournit un exemple de perturbation liée à la non-remise de soi : le personnage masculin reçoit une femme chez lui toutes les semaines et fait l'amour avec elle. Elle ne dit jamais rien

1. Gustave Flaubert, *Madame Bovary*, Paris, Livre de poche, 1968 [1856], p. 38.

d'elle. Il finit par ne plus supporter ce silence et va à la recherche de l'espace de vie et de la part d'elle-même qu'elle tait.

Les sujets amoureux se remettent leurs *pré-occupations* et leurs *pensées*, voire leurs rêves, ce qui, dans un régime de réciprocité, est à la base d'une attente forte : si l'on dit ce que l'on pense, l'autre doit le dire aussi. D'où la question si souvent posée par les femmes amoureuses, lorsqu'elles ont parlé d'elles-mêmes : « Et toi, qu'en penses-tu ? À quoi penses-tu ? »

La liste de ce qui peut être remis de soi est potentiellement sans fin. Au début de la relation, on accepte de remettre son numéro de téléphone personnel, ou maintenant son numéro de téléphone portable (plus personnel encore, dans la mesure où il n'existe pas d'annuaire). On peut ensuite donner une photographie de soi (autrefois un portrait, ou un médaillon) ou se livrer à l'objectif du partenaire, envoyer des lettres manuscrites où l'on se livre, proposer des mets préparés « avec amour » (comme dans le film *Como Agua para Chocolate*[1]), remettre des cadeaux qui viennent de soi et qui disent quelque chose de soi (comme un livre qu'on a apprécié), recommander des musiques que l'on

1. *Como Agua para Chocolate*, film d'Alfonso Arau, Mexique, 1992, d'après un roman de Laura Esquivel.

aime (« Elle lui disait les musiques qu'elle aimait, parfois se levait pour les lui jouer au piano, et elle le regardait lorsqu'elle avait fini, rassurée s'il les aimait aussi, et elle lui baisait les mains. S'il ne les aimait pas, elle les aimait moins, les trouvait moins belles, s'apercevait qu'il avait raison[1] »), abandonner la responsabilité de son style vestimentaire au, ou à la, partenaire, remettre ses compétences professionnelles et techniques… Abandonner une pièce de vêtement, mouchoir, gant ou ruban (appelé justement faveur), voire un bijou, ou une mèche de cheveux *(Madame Bovary)* est une pratique féminine de remise de soi appartenant à un répertoire aujourd'hui dépassé et qui serait considérée comme fétichiste. Werther, rapportait Barthes, « embrasse le nœud de ruban que Charlotte lui a adressé pour son anniversaire[2] ». Mais le tatouage amoureux contemporain est toujours une façon d'abandonner une part de son corps à l'autre. Chacun peut compléter la liste à sa façon…

1. Albert Cohen, *Belle du seigneur*, Paris, Gallimard, coll. « Folio », 2007 [1968], p. 481.
2. Roland Barthes, *Fragments d'un discours amoureux*, *op. cit.*, p. 205.

Remises de soi : la règle de réciprocité

Toute remise de soi implique réciprocité, même si cette dernière n'est pas tenue de s'exprimer terme à terme : dans l'échange amoureux, la remise en retour renforce le lien, surtout lorsqu'elle ne s'effectue pas dans la même monnaie, à l'inverse du remboursement d'une dette, qui dénoue le lien. Seul le domaine de la communication entre partenaires tend à être considéré, en particulier par les femmes, comme une sphère à part dans laquelle une équivalence stricte des apports de chacun est souhaitée. Ainsi dans le film *Carancho*[1], après une scène d'amour, une urgentiste belle et mince déclare à son partenaire qu'autrefois elle était grosse, et aussi que depuis qu'elle est arrivée à Buenos Aires, elle se drogue. L'homme lui dit : « Je voudrais voir une photo de toi quand tu étais grosse, je suis sûr que tu m'aurais plu. » Elle ne veut pas mais lui demande de dire « quelque chose de lui ». Il répond : « Non. On est bien. » Le partenaire masculin refuse ainsi la réciprocité des confidences.

Une autre formulation de cette règle d'équivalence dans la communication entre partenaires et des conséquences de son non-respect est

1. *Carancho,* film de Pablo Trapero, Espagne-Argentine, 2010.

donnée par Barthes dans une entrée de ses *Fragments d'un discours amoureux*, justement intitulée « Sans réponse » : « Mutisme. Le sujet amoureux s'angoisse de ce que l'objet aimé répond parcimonieusement, ou ne répond pas, aux paroles (discours ou lettres) qu'il lui adresse... Attaché éperdument à séduire, à distraire, je croyais, en parlant, étaler des trésors d'ingéniosité, mais ces trésors sont appréciés avec indifférence ; je dépense mes "qualités" pour rien... Or la relation affective est une machine exacte ; la coïncidence, la justesse, au sens musical, y sont fondamentales ; ce qui est décalé est aussitôt de trop : ma parole n'est pas à proprement parler un déchet, mais plutôt un "invendu" : ce qui ne se consomme pas dans le moment (dans le mouvement) et va au pilon[1]. » Le principe d'équivalence dans la communication entre partenaires n'est pas une attente de justice et d'égalité (comme dans le partage des dépenses ou des charges), mais comme un principe de *justesse* dans le fonctionnement de l'orchestre amoureux : il permet de mesurer le défaut de réaction de l'autre, qui laisse en somme l'amoureux « le bec dans l'eau ».

1. Roland Barthes, *Fragments d'un discours amoureux*, *op. cit.*, p. 199-200.

Les « relations sans prise de tête » chez les étudiants. Un exemple d'amour progressif contemporain

L'amour progressif avec remise de soi n'est pas une simple construction théorique ou littéraire. Dans son étude sur les relations amoureuses des étudiants dans les années 2000[1], le sociologue Christophe Giraud analyse un type de relation ou de contrat relationnel contemporain entre étudiants, la « relation sans prise de tête », qu'il nomme aussi les « relations sérieuses-légères ». On peut les considérer comme une forme d'amour progressif. Elles se distinguent de deux autres types de relations, les « relations sérieuses-installées », où les deux amoureux vivent dans une « bulle » à la suite d'un *flash* initial fort, et les « plans-culs », plus instables, où le temps partagé est presque uniquement consacré à l'activité sexuelle.

Dans les relations sans prise de tête, les individus ne parlent pas d'amour ou de sentiments, mais ils parlent d'eux-mêmes et de ce qu'ils aiment avec l'idée « d'obliger l'autre à afficher son sentiment sur telle ou telle activité ». Se découvrir dans ses goûts, puis passer du temps

1. Christophe Giraud, *Les Chemins du couple. Une sociologie de la vie personnelle des jeunes en milieu étudiant*, université Paris-Descartes, habilitation à diriger des recherches, 2014.

ensemble, comporte des enjeux personnels et interpersonnels : « L'une des activités favorites des débuts de ces histoires est de montrer ce que l'on sait faire, ce que l'on aime et que l'autre ne connaît pas. Pour des personnes éloignées socialement, faire découvrir ce que l'on aime est une façon de se rapprocher. » Il peut y avoir une certaine nervosité : « Faire découvrir, c'est se découvrir, s'exposer aux jugements sociaux. La composition sociale des couples est ici importante dans l'insécurité ressentie au moment où l'on "se découvre" l'un l'autre[1]. » Lorsqu'on se sent en confiance et qu'on pense pouvoir compter sur la bienveillance du partenaire, on peut « se lâcher » en partageant des informations plus intimes et des confidences exclusives dont d'autres personnes ne disposent pas. Les éléments centraux des récits des débuts sont le passé familial ou le passé amoureux. Mais dans la présentation que l'on donne, il y a toujours des aspects tactiques : « Chacun n'a pas intérêt à tout dévoiler de lui[2]. »

En somme les partenaires refusent ici d'« endosser le rôle de personnages romantiques » ; il s'agit pour eux de « dire sans dire », mais en passant leur temps à interpréter « l'envie que l'autre montre

1. *Ibid.*, p. 154-155.
2. *Ibid.*, p. 162.

de continuer la relation[1] ». Le processus d'approfondissement de la relation peut justement buter sur le manque d'intérêt que l'on perçoit chez l'un des partenaires pour la découverte de l'autre. Ou à l'inverse, sur l'investissement autoritaire de l'un des deux dans la relation : « Vouloir connaître les amis, la famille, c'est montrer un intérêt très net pour l'autre mais c'est aussi empiéter sur ses prérogatives. Celui qui contrôle ses territoires personnels doit décider librement de les ouvrir à l'autre... [Demander trop tôt à connaître la famille de l'autre] c'est... mettre la pression et faire peur[2]. » On retrouve la notion de justesse de rythme que signalait Barthes. L'amour n'est donc pas la condition de l'abandon dans la relation. C'est plutôt l'abandon à la relation qui amorce l'amour. Et la réciprocité des abandons qui le fait exister pleinement.

La fragmentation de soi : des cadeaux obligés aux initiatives tactiques

La possibilité de fragmenter ce que l'on remet de soi est typique d'une évolution contemporaine marquée par l'individualisation : on évalue

1. *Ibid.*, p. 172.
2. *Ibid.*, p. 169.

tactiquement ce que l'on présente de soi, on ne se remet plus tout entier (tout entière).

Naguère encore prévalait la remise totale de soi, la remise de soi comme un tout : on remettait sa jeunesse, on préservait sa virginité pour l'offrir. On ne peut remettre sa jeunesse qu'à quelqu'un qui peut apprécier ce don, quelqu'un qui en vaut la peine, c'est-à-dire pas un jeune, pour qui ce don n'a pas de valeur, mais quelqu'un de mûr et d'expérimenté, qui remet en échange son expérience. Remettre sa jeunesse est donc un don qui n'appelle pas de réciprocité stricte, au sens où l'on recevrait la jeunesse du partenaire en échange. Ce type de remises correspond donc à des situations d'échanges fortement inégaux, par exemple lorsqu'un homme mûr se (re)marie avec une jeune femme. Remettre sa virginité impliquait de la même manière, pour une femme, un don perçu comme total, la préservation de l'hymen signifiant la préservation du corps, de l'honneur et de la personne tout entière. Comme dans la remise de la jeunesse, il implique inégalité radicale des remises, car rien de tel n'est exigé du partenaire masculin.

L'importance des remises rituelles ou contractuelles dans le processus amoureux a décliné. Dans *Amours et mariages de l'ancienne France*, Martine Segalen indique que la relation amoureuse dans la culture paysanne du XIXe siècle « se renforce d'objets offerts qui amorcent la circulation des dons et contre-dons caractérisant le temps de la noce[1] ». Des objets sans valeur marchande, mais à forte valeur symbolique, sont ainsi échangés pour soutenir des relations encore fragiles : bagues, épingles, petits mouchoirs, objets artisanaux quelquefois travaillés par les amoureux eux-mêmes. Chaque région a traditionnellement son cadeau d'amour, sabots à bouts relevés de la vallée de Bethmale en Ariège, épingles de pèlerinage en Bretagne, cuillers de bois. La bague de fiançailles, qui scelle l'engagement définitif, succède à des bijoux autrefois beaucoup plus variés : les chaînes d'or, les cœurs d'or, les ceintures, les croix. Traditionnellement les cadeaux de fiançailles sont restitués en cas de rupture.

Les remises aujourd'hui sont censées répondre à des initiatives individuelles et se réfèrent peu à la tradition. Pour autant, cette construction de la relation à petits pas reste conforme à certaines règles de succession des séquences (certains éléments sont remis avant d'autres). En outre une règle d'équilibre des remises avec le partenaire doit être respectée, le jeu amoureux

1. Martine Segalen, *Amours et mariages de l'ancienne France*, Paris, Berger-Levrault, 1981, p. 59.

n'étant satisfaisant que si le déséquilibre n'est pas trop grand.

Se remettre à un autre, c'est d'abord le contraire de se retenir. C'est la générosité contre l'avarice. Il n'y a pas d'amour avare, du moins dans les débuts. Un film français de 2003, *Le Coût de la vie*, de Philippe Le Guay, campait divers rapports problématiques à l'argent et à la vie, et les perturbations de l'amour qu'ils impliquaient, symbolisées par les personnages du radin, du flambeur et de la vénale. Si le radin, incarné par Fabrice Lucchini, est incapable de dépenser, de se laisser aller et d'aimer (il est d'ailleurs logiquement *constipé*), le flambeur dépensier (Vincent Lindon), qui remet tout et à tous, à tout moment, et tient à payer toutes les additions, inquiète par sa non-sélectivité : il ne sait pas se livrer à bon escient, au bon moment et à qui en vaut la peine. Dans la mesure où ses dons ne signifient rien, ils n'appellent pas de réponse. Quant à la vénale (Géraldine Pailhas), elle ne s'offre qu'après paiement, jamais de son propre mouvement.

Si l'on cherchait une métaphore ou une représentation suggestive et réaliste de l'amour naissant, il ne faudrait y voir ni un processus chimique de fusion, ni un brusque éclair venu du ciel, ni une conversation ininterrompue, mais peut-être une simple *circulation de biens* ; les biens échangés, pour une part immatériels, tirent leur prix moins de leur valeur économique éventuelle ou du fait qu'ils aient été choisis en fonction des goûts de l'autre, que du lien intime qui les attache au donateur. Certaines révélations ou informations sur soi doivent être considérées comme de véritables offrandes, comme lorsqu'on dévoile au partenaire un événement grave, normalement caché, un secret de famille, ou une violence subie dans son enfance ou sa jeunesse.

Théorie du cadeau amoureux dans la relation naissante : relier l'un à l'autre

Les cadeaux amoureux occupent ainsi une place particulière dans la relation naissante, qu'ils ont le pouvoir de symboliser très fortement. Dans la circulation et l'échange initial, ils représentent en effet la partie la plus explicite et la plus matérielle. Il est aisé de distinguer un cadeau amoureux et un cadeau non amoureux, et également un cadeau de début de relation et un cadeau de couple installé (sur lequel on reviendra dans le deuxième chapitre). Dans les amours naissantes, le cadeau amoureux est un présent de soi, c'est-à-dire une manière de se rendre présent, plutôt qu'un bienfait destiné à combler l'autre, même s'il n'est pas interdit de faire plaisir. Égoïste, le cadeau des débuts reste lié à celui qui le fait. Pour cette raison d'ailleurs, celui qui le reçoit ne peut pas en faire n'importe quoi.

L'analyse des mésusages du cadeau amoureux apprend sur les malentendus entre amants, et donc sur les effets espérés de la remise de soi. Dans une entrée de *Fragments d'un discours amoureux* intitulée « L'orange », Barthes rappelle et commente un passage des *Souffrances du jeune Werther* de Goethe. « Werther écrit : Les oranges que j'avais mises de côté, les seules qu'il y eût encore, firent un excellent effet sauf qu'à chaque tranche que par politesse [Charlotte] offrait à une indiscrète voisine je me sentais le cœur comme transpercé. » Barthes imagine que Werther se dit probablement : « C'était bien la peine que je mette ces oranges de côté pour elle puisqu'elle les donne à d'autres[1]. » Un des premiers principes que doit respecter celui qui reçoit un cadeau amoureux est d'éviter de s'en défaire, ce qui revient à faire peu de cas du lien de la chose au donateur. Un autre exemple est ce que l'on pourrait appeler le « droit de la lettre d'amour ». Une plainte pour plagiat a

1. Roland Barthes, *Fragments d'un discours amoureux*, *op. cit.*, p. 127-128.

été déposée en 2011 contre un écrivain[1], qui avait reproduit dans un de ses livres des passages de lettres d'amour qui lui avaient été adressées par son amie. Selon le droit, la lettre appartient matériellement au destinataire, mais le « droit moral » (et donc l'autorisation de la publier) relève de la personne qui l'a écrite et envoyée. On ne peut mieux dire que le présent qu'est la lettre d'amour reste toujours empreint de son auteur. Mais ce lien n'apparaît dans toute sa force que lorsque la règle d'usage par le destinataire a été violée, par la décision de rendre la lettre publique.

À travers l'objet donné, le donateur transmet quelque chose de lui, qui est destiné à toucher l'autre, parfois de manière presque magique. Une artiste de trente ans, qui a justement offert *Fragments d'un discours amoureux* de Barthes plusieurs fois en début de relation amoureuse, justifie cette pratique par l'information qu'elle transmet sur elle : « Qu'est-ce que je veux dire en faisant cela ? D'abord que je lis Barthes, et que j'aime Barthes. C'est à la fois une analyse subtile et précise et d'une écriture merveilleuse. C'est aussi quelque chose dans lequel beaucoup de personnes peuvent entrer, parce que ce sont

1. Voir *Le Monde*, 18 janvier 2011.

des fragments. Et puis c'est une façon de dire que je suis romantique, que j'aime entendre des discours amoureux. » Offrir le livre de Barthes, c'est se livrer, mais… de manière très réfléchie.

Le désir de toucher directement l'autre est parfois dominant. Une entrée du livre de Barthes, intitulée « La dédicace » et consacrée au cadeau amoureux traduit cette attente, qui ne peut jamais être totalement satisfaite, en un langage inspiré par la psychanalyse : « Le cadeau amoureux se cherche, se choisit et s'achète dans la plus grande excitation… Entraîné par la métonymie dévorante qui règle la vie imaginaire, je me transporte tout entier en lui. Par cet objet, je te donne mon Tout, je te touche avec mon phallus ; c'est pour cela que je suis fou d'excitation, que je cours les boutiques, que je m'entête à trouver le bon fétiche… Le cadeau est attouchement, sensualité : tu vas toucher ce que j'ai touché, une troisième peau nous unit. Je donne à X… un foulard et il le porte ; X… me donne le fait de le porter[1]. » On est donc loin de l'idée d'un cadeau raisonnable, destiné à combler celui qui le reçoit en fonction d'une connaissance de ses goûts.

La lettre d'amour est une forme de cadeau qui appelle une réponse. Dans *Madame Bovary,*

1. Roland Barthes, *Fragments d'un discours amoureux, op. cit.*, p. 89.

l'héroïne, Emma, correspond tous les jours avec son amant : « Emma portait sa lettre au bout du jardin près de la rivière, dans une fissure de la terrasse. Rodolphe venait l'y chercher et en plaçait une autre, qu'elle accusait toujours d'être trop courte[1]. » Barthes, quant à lui, rappelle que l'image du partenaire qui ne répond pas aux lettres s'altère durablement. Ne pas répondre est toujours la meilleure manière, même à l'âge des mails et des textos, de mettre un terme précoce à une relation qui s'amorce.

Le cadeau amoureux peut être calculé (« Le discours amoureux n'est pas dépourvu de calculs », dit Barthes[2]), mais dans certaines situations de passion amoureuse il s'inscrit dans une économie de pure dépense et d'exubérance, qui devient presque inquiétante, comme chez le flambeur cité plus haut. Musset dans *La Confession d'un enfant du siècle*, décrit une telle situation : « Ce que je trouvais de mon goût dans sa chambre, ce qui avait attiré mon attention, parmi ses bagatelles dont ses tables étaient couvertes, elle voulait me le donner, que je l'emportasse le soir même et que je le misse sur ma cheminée [...]. Et elle allait, et elle venait, toute folle d'amour, toute

1. Gustave Flaubert, *Madame Bovary*, *op. cit.*, p. 198.
2. Roland Barthes, *Fragments d'un discours amoureux*, *op. cit.*, p. 100.

vermeille de joie, et elle ne savait qu'imaginer, quoi faire, quoi dire, pour se donner et se donner encore, elle, corps et âme, et tout ce qu'elle avait[1]. » Le caractère inquiétant de la dépense est ici qu'elle ne permet aucune réciprocité.

Dans certaines situations de grande inégalité sociale entre partenaires, se mettre en frais pour un-e partenaire, le/la couvrir de cadeaux, est un comportement attendu. Il s'éloigne du type de l'amour progressif tel qu'il a été décrit, dans la mesure où la réciprocité semble faire défaut. Dans la littérature, ce type de comportement est lié à l'entretien des courtisanes, pour lesquels on se ruine, comme dans *Nana* de Zola, et de nombreux autres exemples littéraires.

La remise de soi à travers le cadeau amoureux et l'offrande sont donc les vecteurs, conscients ou non, d'une tentative de toucher ou d'atteindre l'autre, mais bien autrement qu'en remplissant ses attentes.

De l'abandon de soi à l'emprise sur l'autre

Remettre ou abandonner une part de soi à l'autre, c'est tout en s'exposant, tenter de gou-

1. Alfred de Musset, *La Confession d'un enfant du siècle*, Paris, Gallimard, coll. « Folio classique », 1990 [1836], p. 182.

verner le partenaire ou d'agir sur ses actions, donc selon les termes de Michel Foucault cités en introduction, d'exercer un pouvoir sur lui. Il s'agit de l'inciter à se remettre lui/elle aussi. Lorsque les partenaires sont dans une situation de relative égalité en termes de capitaux sociaux, le pouvoir s'exerce comme dans un jeu de bascule, relativement équilibré à long terme, même si à court terme il se présente toujours comme déséquilibré. L'un des deux prend une emprise sur l'autre, avant que le jeu ne se renverse. Tout pouvoir, dans la vision de Foucault, appelle un contre-pouvoir.

L'engagement personnel dans la relation amoureuse, qui prend l'apparence d'un abandon de soi, a pour but principal, malgré les dénégations fréquentes des intéressés, de provoquer un mouvement équivalent chez le partenaire. En se livrant, on oblige moralement l'autre à se livrer. On acquiert du pouvoir en s'abandonnant.

Dans les cas où les partenaires sont inscrits dans un système de rapports impliquant domination (de classe, de race, d'âge, etc.), l'emprise (le pouvoir) est exercée au sein de ce système de domination, qui peut en être en partie perturbé. Dans l'échange amoureux, il existe un pouvoir des dominants, mais aussi un pouvoir des dominé-e-s, qui même en situation d'infériorité sociale et matérielle, exercent une emprise lorsqu'ils/elles se remettent. Il en va ainsi de certaines relations de femmes jeunes avec des hommes plus âgés. La théorie des remises de soi doit être complétée par une théorie des emprises sur l'autre, qui éclaircirait la façon dont les individus amoureux réussissent à exercer une action sur leur partenaire amoureux, avec ou contre son gré. Tout cela implique de ne pas confondre la domination, structure assez rigide qui restreint radicalement les marges de manœuvre d'une personne, et le pouvoir/l'emprise, qui s'exerce de manière relativement fluide, à travers la mise en mouvement de l'autre, dont les réactions peuvent être assez diverses.

Dans *Métamorphoses d'un mariage* de Sándor Márai, qui se passe en Hongrie entre les deux guerres, Peter, un riche bourgeois de Budapest, découvre un jour avec surprise un ruban violet dans son portefeuille. Il comprend qu'il y a été introduit par Judit, une domestique, qui l'avait porté autour du cou, avec un médaillon contenant le portrait de Peter. Le personnage explique à un ami : « Que voulait-elle ? Rien. Toute femme amoureuse pratique la magie : elle voulait que je garde toujours avec moi un objet qu'elle avait porté sur son corps, elle voulait m'attacher à elle et me transmettre un message[1]... » Même

1. Sándor Márai, *Métamorphoses d'un mariage*, *op. cit.*, p. 231.

les « inférieures » ont des armes dans le jeu amoureux. La magie fonctionne selon le principe de la remise de soi : une partie de soi, qui va agir sur l'autre, qu'il le veuille ou non.

Dans *La Confession d'un enfant du siècle* d'Alfred de Musset, écrite dans la première moitié du XIXe siècle, le narrateur porte un portrait de l'aimée en médaillon. Mais son emprise sur lui est concrètement matérialisée par un dispositif qui empêche l'oubli et la routine : « Ayant trouvé un jour chez un marchand de curiosités une discipline de fer, au bout de laquelle était une plaque hérissée de pointes, j'avais fait attacher le médaillon sur la plaque et le portais ainsi. Ces clous, qui m'entraient dans la poitrine à chaque mouvement, me causaient une volupté si étrange, que j'y appuyais quelquefois ma main pour les sentir plus profondément[1]. » Cette volupté liée à une douleur rappelle qu'il y a un plaisir à se remettre et à s'abandonner. On peut faire l'hypothèse que le plaisir d'amour est en partie une jouissance d'emprise : toutes ces remises partielles de soi permettent d'exercer un pouvoir et de pousser l'autre à se remettre lui aussi. Gouverner le partenaire en s'exposant entraîne la délectation de gagner un pari risqué. Il s'agit de se perdre, ou de se donner en enjeu, pour que

1. Alfred de Musset, *La Confession d'un enfant du siècle*, *op. cit.*, p. 50.

l'autre se perde en retour. Mais la disposition à se laisser aller et à s'exposer et le plaisir à le faire doivent exister avant même de pouvoir espérer produire un effet sur un partenaire.

Penser à l'autre

Un élément de l'emprise que l'on a sur l'autre est qu'il pense à vous et que vous occupez son esprit. Cette emprise est intimement liée aux moments où l'autre remet quelque chose de lui en réponse à une démarche de votre part. Les lettres d'amour sont un exemple typique de cette situation de réponse, où l'on parle de soi en étant occupé de l'autre. Dans *Les Liaisons dangereuses* de Laclos, la présidente de Tourvel, déjà amoureuse mais pas encore séduite par le vicomte de Valmont, écrit à sa confidente combien les lettres du vicomte lui manquent : « Vous ne sauriez croire... combien je suis peinée de ne plus recevoir ces mêmes lettres [du vicomte de Valmont], que pourtant je refuserais encore de lire. J'étais sûre au moins qu'il était occupé de moi ! Et je voyais quelque chose qui venait de lui. Je ne les ouvrais pas ces lettres, mais je pleurais en les regardant[1]. » Qu'il envoie des lettres indique

1. Choderlos de Laclos, *Les Liaisons dangereuses*, lettre 114, Paris, Gallimard, coll. « Folio », 1982 [1782], p. 332.

qu'elle a un pouvoir sur lui, mais elle se refuse à les ouvrir pour ne pas céder au sien. Barthes, dans l'entrée « La lettre d'amour », indique : « [Dans la lettre de Werther à Charlotte] une seule information est variée, à la façon d'un thème musical : *je pense à vous*. Qu'est-ce que ça veut dire "penser à quelqu'un" ? Ça veut dire : l'oublier (sans oubli, pas de vie possible) et se réveiller souvent de cet oubli[1]... » L'emprise de l'autre, c'est sa capacité à se rendre présent dans l'absence. Même dans le plaisir de savoir que l'autre vous prépare un cadeau, il y a principalement le fait qu'il est occupé de vous et qu'il y passe du temps.

Penser à l'autre, c'est aussi ce qui se passe quand on l'attend ou qu'on attend qu'il vous appelle. Barthes décrit ce qu'il intitule la « scénographie de l'attente » : au moindre retard, on se joue une sorte de pièce de théâtre, dans laquelle on va « mimer la perte de l'objet aimé ». L'attente révèle une sujétion : « Je dépends d'une présence qui se partage et met du temps à se donner [comme chez le médecin, l'analyste, le professeur]... *Faire attendre* : prérogative constante de tout pouvoir, passe-temps millénaire de l'humanité[2]. » Mettre du temps à « retourner » un texto, un coup de

1. Roland Barthes, *Fragments d'un discours amoureux*, *op. cit.*, p. 187.
2. *Ibid.*, p. 50.

téléphone, un mail, c'est vouloir imposer son rythme et laisser l'autre dans l'incertitude. Ce dernier ne peut savoir si c'est indifférence ou tactique.

Remettre son corps

Les sujets amoureux se remettent également leurs *corps*[1]. Cette étape du processus amoureux mérite une analyse à part, dans la mesure où les conditions dans lesquelles elle s'opère se sont totalement renouvelées dans la seconde moitié du XXe siècle, et où aucune remise de soi ne paraît plus marquée par l'inégalité entre les sexes, qui s'exprime par des risques physiques et moraux bien différents pour les unes et pour les autres, et aussi par une division du travail apparemment bien établie : les hommes demandent, les femmes contrôlent le rythme de la remise. Est-ce à dire que les hommes ne s'abandonnent pas ?

Sans aucun doute l'obligation de retarder aussi longtemps que possible le passage à l'acte

1. Voir à ce propos Michel Bozon, « Amour, désir et durée. Cycle de la sexualité conjugale et rapports entre hommes et femmes », *in* Nathalie Bajos, Michel Bozon, Alexis Ferrand *et alii*, *La Sexualité aux temps du sida*, Paris, PUF, 1998, p. 175-234 ; ainsi que Michel Bozon, *Sociologie de la sexualité*, 3e éd., Paris, Armand Colin, 2013.

sexuel est l'attitude qui a été prescrite aux femmes, mais pas aux hommes, jusque vers les années 1950 en France[1], aux États-Unis et en Europe du Nord. En témoigne une expression précieuse, aujourd'hui vieillie, celle « d'accorder ses dernières faveurs », dont le Trésor de la langue française donne la définition suivante : « Abandon total de soi-même consenti *par une femme* à l'homme qu'elle aime[2] », illustré par une citation de Valery Larbaud : « J'avais vite obtenu les dernières faveurs de la fille de mes propriétaires[3]. » L'acceptation pratique de cette retenue et de cette réserve par les femmes avait beaucoup à voir avec la peur des conséquences d'un acte sexuel, notamment d'une grossesse malvenue, qui dans le contexte de l'époque entraînait moins la ruine morale ou le déshonneur que la difficulté

1. Voir Michel Bozon, « La nouvelle place de la sexualité dans la formation du couple », *Sciences sociales et santé*, 4, 1991, p. 79-88 ; « Jeunesse et sexualité (1950-2000). De la retenue à la responsabilité de soi », *in* Ludivine Bantigny, Ivan Jablonka, *Jeunesse oblige. Histoire des jeunes en France XIXe siècle-XXIe siècle*, Paris, PUF, 2009, p. 225-243 ; Anne-Claire Rebreyend, *Intimités amoureuses. France 1920-1975*, Toulouse, Presses universitaires du Mirail, 2008 ; Éric Fassin, « Un échange inégal. Sexualité et rites amoureux aux États-Unis », *Critique*, 596-597, 1997, p. 48-65.

2. Je souligne.

3. TLF, entrée « Faveur » ; pour la citation, voir Valery Larbaud, *Barnabooth*, Paris, NRF, 1913, p. 264.

de se marier ou l'obligation de le faire avec une personne que l'on n'aurait pas choisie. Au tournant du XXIe siècle, avec le développement d'une contraception médicalisée et le déclin du mariage, la remise du corps dans le processus de rapprochement amoureux a profondément changé de sens. Même si cette remise continue à avoir une valeur symbolique plus forte que les autres, elle a cessé d'être interprétée comme l'étape ultime de la construction d'une relation.

Dans les années 1940 et 1950, on peut dire que la remise du corps des femmes s'opérait en trois étapes : se laisser voir/percevoir, se laisser toucher, avoir des rapports sexuels. Les rapports sexuels ne pouvaient avoir lieu, pour les femmes sérieuses, qu'au mariage ou à son approche. Mais la pratique du flirt permettait aux femmes d'instaurer une savante progression, qui faisait de la remise de leur corps un acte très graduel et très calculé. Les relations chastes entre fiancés, même si elles comportaient des caresses assez poussées, pouvaient durer des années.

Depuis les années 1970, l'accès à la sexualité est soumis à une nouvelle norme relationnelle : il intervient assez tôt dans l'histoire d'une relation, peu de temps après la rencontre, et est l'amorce d'un couple informel. Le modèle de comportement des années 1950, dans lequel la sexualité apparaissait aux partenaires comme la conséquence du mariage ou à la limite la touche finale de l'élaboration du couple avant la noce, est devenu obsolète. Le passage rapide des partenaires aux rapports sexuels est devenu la règle[1]. Devenus une des expériences premières du couple en train de se faire, les rapports sexuels coïncident désormais avec le moment où les deux partenaires commencent à « sortir ensemble ». Ils ne mènent pas immédiatement, ni nécessairement, à la cohabitation. Ces rapports sexuels initiaux permettent la consolidation du lien, mais en même temps, paradoxalement, ralentissent la formation du couple proprement dit, dont la stabilisation se fait de plus en plus graduelle.

Interrogées, dans l'enquête *La Formation des couples*, sur les qualités qui les avaient le plus attirées chez leur conjoint, les femmes qui l'ont rencontré dans les années 1960 ou avant se référaient souvent à son « sérieux[2] ». Le temps des fréquentations chastes était un moment où l'on évaluait les qualités sociales et morales de l'autre, mais à distance. C'est moins le cas depuis les années 1970, les femmes indiquant par exemple

1. Michel Bozon, « La nouvelle place de la sexualité dans la formation du couple », art. cit.

2. Michel Bozon, François Héran, *La Formation du couple*, *op. cit.*

beaucoup plus avoir apprécié leur partenaire parce qu'il était « sensible ». C'est justement le moment où l'accès précoce à la sexualité se généralise. En somme, c'est désormais l'expérience de l'intimité, et non plus la retenue sexuelle, qui est considérée comme productrice de lien et de connaissance de l'autre et de soi. Il s'agit désormais d'une connaissance dans la proximité.

L'activité sexuelle n'est plus interprétée au tournant du XXIe siècle comme un droit ou une obligation liés au mariage mais comme le signe par excellence de l'engagement personnel. Il est clair qu'il ne s'agit plus de la « dernière faveur », selon l'expression littéraire très genrée citée plus haut. C'est l'engagement sexuel qui fait qu'avant tout indice matériel de la vie de couple deux individus sont considérés comme étant ensemble et formant couple. C'est à partir de ces fondations intimes que d'autres rapprochements peuvent avoir lieu, permettant une consolidation graduelle du lien.

Malgré ces bouleversements, il se maintient une asymétrie dans l'accès à la sexualité. Les demandes sociales qui pèsent sur les femmes les conduisent à réguler l'accès des hommes à la sexualité, c'est-à-dire en pratique à le retarder. Elles doivent en principe attendre d'être « prêtes », c'est-à-dire sûres du devenir de la relation. Elles ne peuvent donc s'y abandonner.

Internet et les sites de rencontre : la place de la sexualité a-t-elle changé ?

Depuis les années 2000, la révolution dans les technologies de l'information et de la communication (téléphone portable et Internet) a eu des effets importants sur la vie quotidienne des personnes, tant sur la sociabilité que sur la vie professionnelle ou sur les pratiques culturelles. Une idée répandue est que la diffusion des sites de rencontre aurait entraîné également une révolution dans les relations amoureuses et sexuelles. Cette question a été évaluée précisément dans l'étude menée par la sociologue Marie Bergström sur l'usage des sites de rencontre en France[1]. Ses résultats conduisent à des constats nuancés, que l'on peut ramener à quelques grands effets.

La proportion de relations importantes qui se forment par Internet reste faible (pas plus de 6 % depuis 2000), alors même que la proportion de personnes qui ont eu recours dans leur vie à des sites de rencontre a augmenté, atteignant près de 18 % de la population adulte vivant en France en

1. Marie Bergström, *Au bonheur des rencontres. Sexualité, classe et rapports de genre dans la production et l'usage des sites de rencontre en France*, thèse de doctorat en sociologie, Sciences-Po, 2014.

2013[1]. Même sur les sites dits « sérieux », la plupart des personnes qui ont des rendez-vous avec les personnes rencontrées en ligne et avec lesquelles elles ont dialogué par mail ou par *chat*, ne connaissent que des relations relativement brèves, qui ne correspondent pas forcément à leurs attentes.

Les relations nouées en ligne deviennent souvent sexuelles dès les premiers jours. Cette sexualisation plus rapide des relations prolonge, en l'accélérant, une tendance qui était déjà en cours dans les relations hors ligne. Elle traduit, pour ceux qui ont recours aux sites de rencontre, une nouvelle vision de la sexualité initiale : « Les rapports sexuels viennent sceller une entente bien plus qu'ils ne marquent l'entrée en couple. Ils ouvrent une période de fréquentations où les personnes apprennent à se connaître autrement qu'ils ont pu le faire par mail ou par *chat* [...]. Plutôt que la preuve du lien affectif, la sexualité participe à le créer[2]. » Elle ouvre la possibilité d'une relation à venir, elle n'en est pas le signe. De cet autre, dont on connaît assez bien les caractéristiques sociales et la manière qu'il a de parler de lui, il va falloir acquérir une connaissance sensible.

1. Marie Bergström, « À quoi et à qui servent les sites de rencontres sur Internet », *Population et société*, n° 530, février 2016.

2. Marie Bergström, *Au bonheur des rencontres*, *op. cit.*, p. 354.

Les critères de sélection et d'appariement changent peu par rapport à ceux de la rencontre traditionnelle (en termes d'homogamie sociale, de proximité culturelle et d'appariement asymétrique des âges). Il ne se produit pas non plus de bouleversement dans l'interaction amoureuse. Les textes d'annonce comme les pratiques de fréquentation traduisent le maintien d'un double standard des conduites sexuelles selon le sexe : les femmes manifestent une certaine réserve, laissant l'initiative des étapes du rapprochement aux hommes, qui le font en mettant en scène un rôle protecteur. Les femmes posent des barrières et font attendre leurs partenaires. L'accélération de la sexualisation des relations ne bouleverse pas la division des rôles selon le sexe, qui revêt une valeur morale : il faut se montrer conforme aux attitudes attendues des personnes de son sexe, et éviter de se montrer trop ouvertement intéressé par le sexe. Ainsi tout ne change pas dans les relations amoureuses à l'ère d'Internet

Circulation inconsciente et dissymétrie entre partenaires

Ce qui circule d'une personne à l'autre et qui touche n'est pas toujours ce qui est transmis explicitement et volontairement. Il existe des détails de soi qui provoquent des bouleversements chez l'un dont l'autre n'a pas conscience, sauf justement par les symptômes qu'il en observe chez lui. De même les réactions qu'entraîne chez l'un un acte ou une remise de l'autre ne sont pas toujours conscientes, même si elles sont perceptibles. Dans une entrée intitulée « Ravissement », Barthes écrit : « De l'autre ce qui vient brusquement me toucher (me ravir), c'est la voix, la chute des épaules, la minceur de la silhouette, la tiédeur de la main, le tour d'un sourire, etc. Quelque chose vient s'ajuster exactement à mon désir (dont j'ignore tout)[1]... » Ces moments de circulation inconsciente chez l'un ou chez l'autre sont présents dans toutes les histoires amoureuses et ont pour effet que le cycle des remises de soi n'est pas mécanique, et que les manifestations d'emprise ne se marquent parfois qu'à des gestes involontaires. Mais aucune histoire amoureuse ne peut se fonder que sur des circulations inconscientes. Annie Ernaux, qui tient dans *Se perdre* le journal d'une passion amoureuse, indique à propos de son amant russe : « Peut-être que ce qui m'attache le plus à S., c'est mon incompréhension devant ses compor-

1. Roland Barthes, *Fragments d'un discours amoureux*, *op. cit.*, p. 226.

tements, la difficulté que j'ai aussi à déchiffrer ses codes culturels, et même à le situer socialement, intellectuellement, toutes choses assez faciles avec un Français[1]. » L'amant se remet peu de façon volontaire à elle, même s'il lui arrive de parler parfois de son père ou de son enfance. Ce sont des éléments mystérieux, mais sans doute pas inexplicables, qui la touchent. En revanche elle-même se remet à lui très explicitement et consciemment, et cela suffit à faire exister un certain type d'histoire amoureuse.

L'asymétrie affective entre les sexes

Dans les débuts amoureux, une certaine intensité et une certaine réciprocité dans l'engagement de chacun sont attendues. C'est cette succession d'échanges répétés et actifs qui fait advenir comme *ex nihilo* une relation forte. Dans le même temps néanmoins, et dès le début des remises de soi, une dissymétrie de genre s'exprime et devient visible lorsqu'un premier espace d'intimité se consolide entre les partenaires.

Le déséquilibre dans les échanges affectifs tient, en premier lieu, à la nature des remises

1. Annie Ernaux, *Se perdre*, Paris, Gallimard, coll. « Folio », 2012 [2001], p. 66.

que l'on fait et, encore plus, de celles que l'on évite de faire : ainsi certains individus livrent de leur temps ou de leur argent mais ne disent rien d'eux. Les différences entre les remises des partenaires sont clairement liées aux dispositions de chacun et aux capitaux dont ils disposent ou ne disposent pas (capital social, capital économique, capital culturel, compétence technique, aisance physique). Elles reflètent donc les inégalités de leurs ressources. Mais si l'on considère une remise de soi comme une forme d'investissement relationnel, ces inégalités traduisent également, plus profondément, des différences de style liées au fait que les partenaires ne se livrent pas au même degré dans la relation. Quand les corps se rencontrent, moment qui pourrait traduire une certaine convergence, une opposition entre le type d'engagement de l'un et de l'autre peut devenir soudain manifeste. D'infimes différences lors du rapport sexuel, malgré le plaisir ressenti, font apparaître que les partenaires ne se livrent pas de la même façon. Le moment qui suit l'étreinte peut ainsi être un moment délicat, éventuellement angoissant. Le roman d'Alice Ferney *La Conversation amoureuse* en donne une représentation suggestive, à propos d'une relation extraconjugale, contée du point de vue de la partenaire féminine. « L'étreinte révélait la différence entre eux » ;

« Elle sentait qu'il aurait pu être pareil auprès d'une autre » ; « Elle ne se lèverait pas intacte comme lui le serait par exemple, inexplicablement[1] ». L'amante perçoit aux gestes de son partenaire que la relation n'est pas destinée à se prolonger, contrairement à ce qu'elle attendait, et qu'elle n'est pour lui qu'un moment agréable, parenthèse ou jeu. Ainsi le rapport sexuel est un moment porteur d'information, capable de cristalliser le déséquilibre entre partenaires amoureux.

La dissymétrie amoureuse se mesure ainsi aux écarts à la norme de réciprocité dans les remises de soi. Dans certains cas, relativement évidents, de forte dépendance matérielle d'une femme à l'égard de son partenaire, que l'on rencontre dans tous les secteurs de l'espace social, la dissymétrie amoureuse semble découler assez directement du déséquilibre des ressources de chacun. Des exemples plus complexes de déséquilibre de l'échange affectif peuvent être pris. L'un d'eux est le cas de la relation amoureuse décrite par Annie Ernaux dans *Passion Simple* ou *Se perdre*[2], déjà mentionnée. Il s'agit

1. Alice Ferney, *La Conversation amoureuse*, Arles, Actes Sud, 2000, p. 402.

2. Annie Ernaux, *Passion simple*, Paris, Gallimard, 1991 ; Annie Ernaux, *Se perdre*, *op. cit.*

d'une relation très déséquilibrée, puisqu'une femme remet totalement son temps, son espace de vie, ses pensées, son corps, son whisky... à un homme qui ne remet rien de tout cela, puisqu'il se contente de lui téléphoner de temps en temps, de manière imprévisible, pour passer quelques heures chez elle, et ne dit presque rien de lui. C'est un cas manifeste de dépendance amoureuse, caractérisée par une remise univoque de la partenaire féminine, à un partenaire limitant son investissement au minimum.

Un autre type d'asymétrie affective, qu'on peut intituler *modèle gestionnaire/utilisateur*, se rencontre couramment tant dans les relations hétérosexuelles qu'homosexuelles. La division de l'échange affectif n'est pas aussi déséquilibrée que dans le cas précédent. Celui des partenaires qu'on peut dénommer le « gestionnaire » – dans un couple hétérosexuel, le plus souvent la femme – se préoccupe systématiquement de l'équilibre des remises entre partenaires et en particulier du niveau des échanges verbaux et des échanges de pensées. L'« utilisateur », qui est généralement l'homme, peut se contenter de prêter son corps ou de donner son temps en une présence silencieuse et considérer qu'il en a remis assez. Il ne s'intéresse guère au fonctionnement de la relation. Ce type de division du travail affectif préfigure assez bien la division du travail domestique.

Le fait pour un partenaire masculin de limiter autant que possible ce qu'il remet de lui et de rester sur son quant-à-soi manifeste moins un trait psychologique spécifique des hommes qu'il n'exprime une composante de la domination masculine, la volonté de rester hors d'atteinte, le rejet de l'interdépendance, voire de la dépendance à l'égard d'un partenaire. Sándor Márai décrit cette posture des hommes à travers la confession d'un bourgeois hongrois : « Il faut un courage peu commun pour se laisser aimer sans réserve, un courage touchant à l'héroïsme. En fait la plupart des êtres humains sont incapables de donner et de recevoir, leur lâcheté et leur vanité s'y opposent, ils ont peur de l'échec, peur de se livrer à autrui, de révéler leur secret, leur triste faiblesse, leur besoin vital de tendresse [...]. Si l'homme reste solitaire, c'est qu'il est orgueilleux, qu'il n'ose pas accepter le don – quelque peu redoutable, il est vrai – de l'amour. Parce qu'il joue un rôle et qu'il juge ce rôle plus important que l'amour[1]. » L'interprétation psychologique en termes de lâcheté des hommes, assez commune, semble moins exacte

1. Sándor Márai, *Métamorphoses d'un mariage*, *op. cit.*, p. 198.

que celle du refus par le partenaire masculin d'accepter le don de l'autre, pour ne pas avoir à s'abandonner lui-même.

Caractéristique d'une inégalité de genre persistante est la situation que connaissent les jeunes femmes dans les relations naissantes : elles ne sont pas socialement libres de remettre leur corps et sont tenues d'être calculatrices, non seulement parce qu'elles doivent souvent anticiper seules les conséquences des actes sexuels, mais également parce qu'elles continuent à être sévèrement jugées si elles ne se donnent pas *à bon escient*, c'est-à-dire si elles le font sans chercher à établir une relation relativement durable : il leur est en somme interdit de « se laisser aller ». La remise de leur corps par les femmes, même dans la modernité tardive, est censée fuir la spontanéité et être soigneusement calculée.

Lorsque au début du XXe siècle le sociologue Georg Simmel analysait la coquetterie chez les femmes, il l'expliquait déjà par cette obligation de calcul qui leur était faite. La coquetterie était définie comme le fait de s'abandonner et de se refuser en même temps. De cette simultanéité du don et du refus, témoigne par exemple le regard en coulisse. « Il y a là une manière de se détourner, liée cependant à une façon furtive de se donner, de diriger momentanément son attention vers l'autre, auquel au même instant, par la direction opposée de la tête et du corps, on se refuse symboliquement… [Ce regard] a l'attrait du secret, du dérobé, qui ne peut avoir de durée et où par conséquent le oui et le non sont intimement mêlés[1]. » Il s'agit en somme d'un début d'abandon de soi, immédiatement repris. De l'analyse de Simmel jusqu'au XXIe siècle, les doubles injonctions contradictoires auxquelles sont soumises l'ensemble des femmes (se donner et se retenir, être disponibles et être sélectives) se sont maintenues et créent chez elles des postures particulières en matière amoureuse, qui les distinguent des hommes.

Ausculter les pratiques de l'amour naissant aide à comprendre ce qui se passe lorsque des personnes deviennent ou se disent amoureuses. L'amour n'est pas un sentiment individuel qui s'exprimerait *spontanément* et brusquement quand on a trouvé la bonne personne. C'est le résultat d'un échange interpersonnel progressif dont le rythme s'accélère soudainement, et que les personnes reconnaissent comme amoureux.

1. Georg Simmel, « Psychologie de la coquetterie » (1909), in *Philosophie de l'amour*, Paris, Rivages, coll. « Petite Bibliothèque Rivages », 2008 [1988], p. 126.

Ce mouvement intense se fonde sur des remises de soi mutuelles, qui ne sont ni étroitement intéressées, ni gratuites ou ingénues. Même si elles ne sont pas totalement calculées, il est certain qu'elles appellent une réponse. La réponse du partenaire témoigne de l'emprise que l'on a acquise sur lui/elle. Fragmentées et tactiques, les remises de soi sont ainsi les ingrédients mêmes des amours naissantes, dont l'existence repose sur ce flux. Le déclin du mariage institutionnel dans la modernité tardive a fait disparaître un objectif et un seuil traditionnels d'une grande part des relations amoureuses (le mariage d'amour). Le rapprochement par étapes, dans lequel la relation sexuelle intervient de plus en plus tôt, produit désormais l'union amoureuse pas à pas ; l'engagement progressif des personnes s'est substitué aux seuils institutionnels.

Le jeu des remises mutuelles fonctionne en principe sur la base de la spontanéité, de la réciprocité et de la justesse dans l'échange, sous peine d'une interruption précoce de la relation. Mais dans un monde où les inégalités de genre sont bien présentes, les différences d'apports, de ressources et d'engagement entre partenaires sont une caractéristique inévitable et fréquente des relations, et conduisent à des déséquilibres qui peuvent rendre nécessaire un « travail affectif » soutenu de la part de l'un-e des deux, souvent la femme.

Le sociologue Simmel indiquait déjà il y a plus d'un siècle que l'amour se situait au-delà de l'égoïsme et de l'altruisme. L'abandon de soi dans les débuts amoureux, présent tant chez les hommes que chez les femmes, n'a rien d'un sacrifice aveugle ; c'est un acte destiné à provoquer un mouvement chez l'autre. Le plaisir ressenti dans les amours naissantes ne naît pas de la bienveillance des partenaires l'un envers l'autre (de leurs bons sentiments) mais de l'excitation liée à une circulation de pouvoir (une emprise) et à l'exposition de soi (au sens de prise de risque). Mais l'inquiétude, liée aux incertitudes sur le sens des actes de l'autre, n'est jamais loin. Et surtout cette excitation et cette intensité de circulation ne peuvent guère se maintenir dans la durée. Le flux des remises de soi et l'emprise exercée se réduisent inexorablement avec le temps et la stabilisation éventuelle de la relation. Il serait sans doute insupportable de vivre de manière permanente de tels niveaux d'emprise. Cela explique pourquoi la place et le contenu de l'amour dans ce qui devient relation conjugale ou relation stable sont amenés à se redéfinir radicalement.

2

Les hauts et les bas de l'amour dans un couple stable

Lorsque l'amour conduit à former un couple, on a souvent l'impression qu'il n'y aurait plus rien à en dire. Alors qu'ils étaient si diserts sur les débuts amoureux, voilà que les écrivains deviennent soudain muets. Quant aux sciences sociales, elles s'intéressent plus au fonctionnement du couple sous son aspect de petite entreprise conjugale ou familiale que comme cadre d'une vie amoureuse.

N'y aurait-il d'amour que naissant ? C'est la thèse, devenue sens commun, des sociobiologistes qui affirment que l'amour est biologiquement programmé pour s'épuiser au bout de quelques années. Innombrables sont les discours qui content les effets délétères de la routine quotidienne sur les idéaux amoureux.

Le paradoxe est qu'en même temps il paraît tout à fait normal de tout faire pour que le couple dure. C'est même l'un des thèmes les plus constants de la littérature de conseil ou des magazines féminins. De tous ces discours qui circulent, on peut dégager deux récits dominants de l'amour conjugal. Il y a d'abord l'histoire de la transformation de la passion en tendresse. On passerait d'un affect excitant, en perpétuel changement et potentiellement perturbant, à un affect sage et apaisant. Avec l'aide éventuelle de psychologues ou de conseillères conjugales, les acteurs sont conviés à faire le deuil de la passion des débuts, mais avec la promesse qu'ils y gagneront au change. À cette représentation plutôt positive de la stabilisation du couple, s'oppose la version de la désillusion. L'installation en couple tue l'amour. L'élan amoureux initial se brise inévitablement sur la digue de la vie quotidienne et de la routine. Pour préserver la flamme initiale, il faudrait l'alimenter par un travail faisant périodiquement renaître de ses cendres l'amour initial, mais c'est un effort voué à l'échec. Ces deux représentations populaires de ce que le couple fait à l'amour occupent largement la tête des acteurs et contribuent à produire des effets chez eux. Mais l'amour n'est pas qu'un début. On se propose de partir à la recherche d'une affectivité conjugale qui, naissant des pratiques et des échanges quotidiens entre partenaires, obéirait à une logique qui n'est plus du tout celle de l'amour naissant, même si paradoxalement elle est amenée à s'y référer fréquemment.

L'amour naissant était un voyage de découverte de l'un à l'autre, où la remise de soi se rémunérait idéalement d'une certaine prise sur l'autre. Ce voyage immobile traçait les contours d'un premier espace d'intimité, ouvert encore mais dont l'organisation révélait déjà des orientations, des styles et des formes d'engagement inscrits dans un certain ordre de genre. Lorsque la dyade se stabilise dans la conjugalité, il n'y a rapidement plus d'éléments nouveaux. Le personnage du partenaire n'est plus à découvrir, et il devient rapidement prévisible et sans surprise. Le voyage s'arrête.

Un des effets les plus concrets de l'installation du couple, qui s'apparente à une sédentarisation, est la création d'un *domaine tiers* – distinct des deux partenaires, mais relié à chacun d'entre eux – qui se met à occuper une place croissante dans leur vie. Cet univers commun a une composante matérielle importante, une dimension de comportements et d'habitudes, une dimension de projection vers l'avenir, et une dimension mentale. Dans ses travaux, Jean-Claude Kaufmann[1] a décrit cette construction pas à pas du domaine conjugal. La consolidation d'un couple, lorsqu'elle se produit, ne repose pas sur la prolongation des échanges intenses de la relation amoureuse initiale mais sur la constitution d'une sphère commune, s'appuyant sur un environnement stable peuplé d'objets progressivement acquis en commun et l'élaboration d'habitudes conjugales. Berger et Kellner[2] ont élaboré une théorie qui stylise un aspect de l'élaboration du couple, auquel ils donnent le nom de conversation conjugale : celle-ci crée une histoire et une réalité communes, qui réorganisent le monde personnel de chacun des partenaires. François de Singly[3], sociologue de l'individualisation et de la famille, montre que les individus, dans leur recherche d'authenticité, s'appuient sur le soutien de leur partenaire mais aussi sur la force conférée par l'appartenance à un univers commun chaleureux, constitué par négociation et « frottement ». La question est de savoir si la

1. Jean-Claude Kaufmann, *Sociologie du couple*, Paris, PUF, 1993, voir notamment le chapitre 2.

2. Peter Berger, Hansfried Kellner, « Le mariage et la construction de la réalité », *Dialogue*, n° 102, 1988 [1964], p. 6-23.

3. François de Singly, *Libres ensemble. L'individualisme dans la vie commune*, Paris, Nathan, 2000.

participation à ce domaine commun peut être la base d'une expérience amoureuse ou affective chez les partenaires en couple, ou si cette dernière doit être conquise malgré lui.

La présence d'une dimension affective dans le couple apparaît souvent en partie comme un souvenir activement célébré du moment passé de formation de la relation. Il existe toute une série de pratiques rappelant les débuts amoureux du couple, qui peuvent prendre un caractère rituel. Mais l'amour dans le couple s'appuie également sur la dynamique même des échanges entre partenaires, fondés sur l'importance nouvelle prise par des éléments communs, connus et stables. L'amour dans sa version stabilisée serait-il alors une façon un peu volontariste d'entretenir la relation, voire de l'enchanter ? Il s'agirait en somme d'aimer ce que l'on fait ensemble, comme on aime son travail par exemple. Cette représentation fonctionnelle de l'amour stabilisé, comme forme d'entretien du couple, paraît cependant insuffisante, si l'on ne suppose pas que, de la familiarité qui naît entre conjoints, émergent, de façon intermittente, des formes d'intensification affective *sui generis*. Il existe des éléments, ténus et triviaux parfois, distincts selon les partenaires et selon leur sexe, que l'on pourrait considérer en somme comme des manifestations d'*amour dérivé* des pratiques de la vie conjugale elle-même. C'est une représentation pragmatique – au sens de dérivée de la pratique – de l'amour conjugal qui est proposée. Un de ses paradoxes est que sa présence ne fait pas de bruit alors que l'on remarque son absence, notamment lorsque les partenaires entrent dans une phase de désamour (voir le chapitre suivant), comme l'avait déjà observé Jean-Claude Kaufmann[1].

Dans tous les cas, la question se pose de savoir si l'asymétrie de genre, déjà repérée dans la phase de l'amour naissant, se renforce dans la relation stable[2], sous la forme d'une véritable division du travail affectif, et de différences dans les modes d'engagement amoureux des partenaires.

Amour et couple stable : un thème peu traité

Les travaux sociologiques et les œuvres littéraires qui abordent la question de l'amour dans

1. Jean-Claude Kaufmann, *L'Étrange Histoire de l'amour heureux*, Paris, Armand Colin, 2009.

2. Par relation stable, on entend ici des relations de couple cohabitant ou non cohabitant, ainsi que des relations privilégiées non considérées comme des couples par les intéressés. Par commodité, on les désignera toutes sous le nom de « couple ».

le couple stable sont particulièrement rares. Du côté sociologique, nombreux sont les auteurs qui décrivent la petite entreprise conjugale et familiale et les fonctions qu'elle remplit. À de nombreux titres, cette entreprise est reconnue par le monde social et par l'État. Après des siècles de méfiance, l'Église s'est mise à louer au XXe siècle une version sage de l'amour conjugal[1]. Il y a beaucoup d'études sur le travail domestique et le travail parental, ou sur les transformations des relations familiales ou de la parenté[2]. Mais les aspects affectifs du travail des conjoints et sa contribution à l'échange amoureux sont peu présents. Jean-Claude Kaufmann avait pourtant déjà noté la présence d'investissements affectifs dans certaines activités quotidiennes, en employant la belle expression de « cœur à l'ouvrage[3] ». Et les réflexions féministes et sociologiques sur le *care*[4], le soin aux autres, renouvellent la question de l'affectivité dans la prise en charge quotidienne des

1. Voir les encycliques *Casti Connubii*, Pie XI, 1930 ; et *Familiaris consortio*, Jean Paul II, 1981.

2. Voir « Le temps domestique et parental des hommes et des femmes : quels facteurs d'évolution en 25 ans ? », *Économie et statistique*, nos 478-479-480, 2015, p. 209-242.

3. Jean-Claude Kaufmann, *Le Cœur à l'ouvrage. Théorie de l'action ménagère*, Paris, Nathan, 1997.

4. Pascale Molinier, Sandra Laugier, Patricia Paperman (dir), *Qu'est-ce que le* care *? Souci des autres, sensibilité, responsabilité*, Paris, Payot, coll. « Petite Bibliothèque Payot », 2009.

autres générations et des personnes dépendantes. Il n'est pas certain pourtant que l'on touche ici à l'amour conjugal.

Du côté de la littérature, le thème de l'amour est presque uniquement référé aux débuts amoureux. Par exemple dans un numéro du *Magazine littéraire* de février 2014 consacré aux écrivains et à l'amour, domine l'idée selon laquelle l'amour se réduit au *flash* initial. Toute la suite n'est que déclin ou trivialité, et donc pas objet de littérature. On sera donc amené à utiliser des œuvres littéraires par effraction, à lire ou citer des auteurs malgré eux, pour des passages dérobés et brefs, qui ne rendent pas toujours compte de l'ensemble d'une œuvre ni des intentions de l'auteur. On se référera également à l'essai sur le couple d'une auteure qui se définit comme « conjugaliste », Claude Habib[1], spécialiste de l'œuvre de Jean-Jacques Rousseau, qui affiche un pragmatisme radical.

Les approches philosophiques sont encore plus rares. Dans son *Éloge de l'amour*, le philosophe Alain Badiou choisit de ne pas limiter son étude de l'amour à la rencontre et aux débuts. Selon lui, l'amour est une manière d'appréhender le monde, « une procédure de vérité », c'est-à-dire

1. Claude Habib, *Le Goût de la vie commune*, Paris, Flammarion, 2014.

« une expérience où un certain type de vérité est construit [...]. Cette vérité est tout simplement la vérité sur le Deux. La vérité de la différence comme telle... Tout amour qui accepte l'épreuve, qui accepte la durée, qui accepte justement cette expérience du monde du point de vue de la différence produit à sa manière une vérité nouvelle sur la différence... Ce qu'il y a d'universel, c'est que tout amour propose une nouvelle expérience de vérité sur ce que c'est d'être deux et non pas un[1]. » Le sens philosophique de l'amour est donc à chercher pour lui dans cette construction d'une vérité à deux, qui s'inscrit dans la durée, à travers une série d'épreuves. On retrouve, sur le mode philosophique, les idées de Berger et Kellner sur la reconstruction de la réalité par le mariage.

Le domaine commun, cadre de l'expérience amoureuse conjugale

La différence entre relation naissante et couple en stabilisation tient d'abord à l'introduction d'*objets*, qui relient les partenaires tout en s'interposant entre eux, mais qui n'ont pas

1. Alain Badiou, *Éloge de l'amour*, Paris, Flammarion, 2009, p. 39-40.

nécessairement une grande valeur romantique. Il en va ainsi de la machine à laver, dont l'usage conjugal a été décrit dans *La Trame conjugale* par Jean-Claude Kaufmann[1]. La naissance d'un couple correspond d'abord à des économies d'échelle. Il y a le lit, soit acheté en commun, soit lit d'un des partenaires qui devient lit commun. Plus généralement dans la mesure où l'installation correspond à une cohabitation, il y a le lieu d'habitation qui, acheté ou loué nu, va rapidement se peupler d'objets, acquis ou récupérés (objets de cuisine par exemple, ainsi que canapé), et s'orner au goût des partenaires. La question de la décoration peut être un véritable enjeu de discussion et de débat, comme plusieurs auteurs l'ont montré chez les couples gais ou lesbiens lorsqu'ils s'installent dans un nouveau lieu[2], même si ensuite le travail d'exécution est parfois discrètement effectué par un-e seul-e des partenaires. L'arrivée d'enfants et/ou d'animaux

1. Jean-Claude Kaufmann, *La Trame conjugale. Analyse d'un couple par son linge*, Paris, Nathan, 1992.

2. Jérôme Courduriès, *Être en couple (gay). Conjugalité et homosexualité masculine en France,* Lyon, Presses universitaires de Lyon, 2011 ; Céline Costechareire, « Une lecture des styles de conjugalité au sein de l'habitat des couples lesbiens », *Politiques sociales et familiales*, n° 103, mars 2011, p. 65-79.

domestiques peut être envisagée dans le cadre de ce processus d'acquisition d'objets communs, même si elle a une importance particulière pour l'évolution dans le temps du style de fonctionnement conjugal. Un mariage éventuel ou un pacs sont d'abord une acquisition de papiers communs, même s'ils produisent un statut et une identification.

À ce monde commun de plus en plus dense, s'attachent des *habitudes* et des actes, qui sont d'abord des manières d'en user, des usages des lieux et des objets, qui se standardisent peu à peu. La constitution d'une bibliothèque commune, qui se constitue par les apports de chacun des partenaires, ou bien les choix de musique à écouter produisent une socialisation par frottement[1]. Il y a en somme une incorporation du monde commun. Les habitudes de l'un ne sont pas les habitudes de l'autre, mais elles finissent par former un ensemble, où ce que fait l'un n'est pas indépendant de ce que fait l'autre, ce qui constitue une division du travail assez stable, très étudiée par les sociologues. L'installation en couple correspond aussi à la constitution d'un réseau amical commun, voire d'habitudes sociales communes, de loisirs

1. Voir François de Singly, *Libres ensemble. L'individualisme dans la vie commune, op. cit.*, chap. 2.

communs. Cette évolution peut s'appuyer sur des habitudes personnelles (des amis personnels, des loisirs individuels) qui deviennent commun-e-s, tout comme elle peut être une invention conjugale.

Les lieux partagés ne se limitent pas à l'espace habité en commun. L'espace subjectif, l'ensemble mental des lieux auxquels l'individu se réfère ou qui l'habitent, reste un espace personnel, mais il peut se créer des espaces de référence conjugaux, des espaces qui ont été fréquentés en commun, lors de voyages ou de vacances, voire de lieux où les partenaires reviennent régulièrement. Le monde commun est fait également d'idées sur le futur et de projets communs, discutés entre partenaires. On n'est plus seulement dans les « délires » que décrivait Christophe Giraud, chez les jeunes couples étudiants[1]. Des ressources matérielles existent et certains des projets communs se réalisent et acquièrent une matérialité. Par ailleurs, il existe un monde affectif commun, fait de souvenirs, d'expériences passées, de références. Ce qui caractérise un couple stabilisé, c'est qu'il a vécu un passé en partie commun

1. Christophe Giraud, *Les Chemins du couple. Une sociologie de la vie personnelle des jeunes en milieu étudiant*, université Paris-Descartes, habilitation à diriger des recherches, 2014.

et qu'il peut s'y référer, l'évoquer avec plaisir, ou le regretter.

Parmi les événements vécus par la plupart des couples, le passage à la procréation a une importance particulière, parce qu'il provoque ou accélère une réorganisation conjugale. Le couple d'amants devient couple de parents. Alors que le début de la cohabitation est une phase assez égalitaire dans laquelle la vie domestique occupe peu les partenaires, la procréation est un moment où l'« ordre de genre » est rappelé aux intéressés, de façon parfois très explicite. Les rôles maternels et paternels sont socialement distingués. Plus précisément, une nouvelle division du travail s'impose, dans laquelle les femmes tendent à apparaître comme les partenaires parentales privilégiées, professionnelles du soin, et les hommes comme des partenaires sexuels, en même temps que des pourvoyeurs économiques. Le volume des tâches à accomplir augmente et leur répartition bascule vers une différenciation productrice d'inégalité entre conjoints, la charge domestique des femmes s'alourdissant fortement. Une divergence, non exempte de tensions, peut s'installer, avec notamment une augmentation des investissements professionnels centrifuges du partenaire masculin, vus comme « investissement pour la famille », alors que le même investissement professionnel, lorsqu'il se produit chez les femmes, peut être vu comme un choix personnel égoïste. Si une routine parentale s'installe elle ne met plus les partenaires à égalité.

Mais l'installation en couple ne se limite pas à la construction d'une sphère commune. François de Singly et Jean-Claude Kaufmann ont démontré que les conjoints défendaient activement l'existence de sphères personnelles. Dans un cadre socialement plus précaire, Olivier Schwartz[1] l'avait aussi montré à propos des ouvriers du Nord. L'existence et la défense de ces sphères personnelles sont des conditions de possibilité d'une expérience affective spécifique dans un couple constitué.

Le contexte dans lequel des formes d'affectivité dérivée peuvent émerger dans un couple est ainsi complexe. Le domaine commun va bien au-delà des lieux, des objets et des habitudes communes. Et il n'est pas exempt de tensions. Son premier effet est cependant de créer un cadre de prévisibilité important pour les comportements. Chacun sait très largement ou pense savoir comment son partenaire va se comporter. Prévisibilité et investissement affectif envers le partenaire font-ils bon ménage ?

1. Olivier Schwartz, *Le Monde privé des ouvriers. Hommes et femmes du Nord*, Paris, PUF, 1990.

Drôle de couple

Malgré la rigidité apparente des situations, la *prévisibilité* apparaît comme un cadre dans lequel tout peut advenir, même le plaisir. Prenons un exemple extrême, mais qui à ce titre peut éclairer des situations plus ordinaires. Il s'agit du livre de souvenirs qu'Élisabeth Vailland a écrit à propos de sa vie conjugale avec l'écrivain Roger Vailland. Rappelons que cet écrivain se définissait comme libertin. C'est le récit de sa compagne qui est utilisé, le point de vue masculin ne nous étant pas accessible. Cela nous rappelle que tout récit amoureux est nécessairement un point de vue individuel sur une dyade. Les deux épisodes choisis font apparaître, autant que des récits domestiques plus classiques, les ingrédients d'un engagement affectif dérivé d'une relation.

Élisabeth Vailland, qui vit à la campagne avec son mari écrivain, décrit d'abord les séances rituelles de lecture, le soir, des pages écrites dans la journée :

> « Aux Allymes, pour *Un jeune homme seul*, il inaugura une formule terrible, à laquelle il resta fidèle jusqu'à la fin de sa vie, la lecture à voix haute. Chaque jour, il me lisait sa production de la journée. Effrayant ! Comment juger, jour après

> jour, les huit ou dix pages écrites dans la journée ? [...] Critiquer, alors que je n'avais qu'une vision partielle du roman ? Oser des réflexions, alors que je ne lisais pas moi-même mais que j'entendais le roman ?
>
> Bref c'était très délicat, d'autant plus que Roger me surveillait du coin de l'œil, ligne après ligne. Le visage, les mains, la manière d'être assise, de remuer, de rester immobile : je ne devais rien exprimer. J'avais accepté cette lecture à haute voix parce que bien sûr cela me faisait plaisir, mais avec cette condition expresse : je ne me risquerai à aucun commentaire avant la cinquantième page[1]. »

Le caractère imposé de la situation et l'inégalité des positions (l'écrivain/l'auditrice) n'empêchent pas, bien au contraire, que l'événement rituel soit perçu comme un moment de plaisir, chargé d'affectivité, sans doute dans la mesure où il comprend une forme de risque pour l'un comme pour l'autre, et implique une interdépendance forte.

Un second épisode, apparemment tout aussi rituel, est, à l'occasion de leurs voyages à Paris, celui des virées du mari écrivain, à la recherche

1. Élisabeth Vailland, *Drôle de vie. Une passion avec Roger Vailland*, Paris, Jean-Claude Lattès, 1984, p. 141.

de partenaires sexuelles, pendant qu'elle l'attend à l'hôtel :

> « Moi je ne me baladais pas […]. Un détail probablement me liait à nos hôtels : le grand bonheur que Roger éprouvait toujours à m'y retrouver. Évidemment il y avait une incertitude : à quelle heure rentrerait-il ? Deux heures plus tard ? Dix heures plus tard ? S'il rentrait rapidement, c'était désespéré. Il n'avait pas de nuit à me raconter.
>
> Me retrouver à coup sûr là où il m'avait laissée et me faire ses confidences était en tout cas un bonheur pour lui. C'était aussi mon plaisir. Telle s'exprimait notre complicité[1]. »

Le récit est encore plus clairement marqué ici par l'inégalité des positions des participants. Il n'est pas habituel que des conjointes relativisent aussi radicalement la question de la fidélité sexuelle du mari. Mais l'inégalité ne mène pas ici à la passivité. Il serait sans doute possible, dans le cas d'autres personnes, de remplacer les confidences sur les virées sexuelles par des propos sur une journée de travail. Les éléments essentiels qui surgissent seraient sans doute les mêmes : avoir la certitude de se retrouver, le bonheur de se livrer,

1. *Ibid.*, p. 192.

le plaisir d'écouter, décrits par la narratrice comme une complicité. Sous diverses formes, ce terme de complicité revient souvent, bien plus que celui de tendresse, dans les récits des conjoints parlant de leur relation.

Le cœur à l'ouvrage, l'esprit du logis, la familiarité

Sans aborder pour le moment la question des inégalités d'engagement des partenaires dans la vie domestique et familiale, on peut dire que les équipes conjugales sont souvent des équipes efficaces. De nombreuses tâches sont effectuées par l'un ou l'une, plutôt que par l'autre, en tout cas pas ensemble. Ces tâches faites avec soin, voire avec amour comme on dit, sont des contributions à un collectif familial ou conjugal mais sont-elles des tâches effectuées par amour pour l'autre ? Préparer de bons repas, s'occuper du jardin, bien repasser, tenir un appartement propre et en ordre, créent dans le meilleur des cas une satisfaction, voire une fierté personnelle de travail bien fait ou de fidélité à ses principes, bien plus qu'ils ne créent de la tendresse pour/chez le/la partenaire. De même le travail parental, c'est-à-dire toutes les activités et charges liées au soin des enfants, contribue à la construction de relations affectives personnelles entre adultes et enfants, mais il ne constitue pas spécialement la base d'une nouvelle étape affective entre conjoints : s'occuper d'enfants n'a pas pour effet principal de créer ou de renforcer une expérience affective avec le partenaire.

Comparée à la vie en solo, la vie en couple apparaît comme une vie plus réglée, avec des horaires plus réguliers, des repas plus équilibrés, des pièces mieux rangées, une santé plus surveillée. Y aurait-il un caractère moral ou altruiste de la conjugalité, qui produirait automatiquement ou prescrirait de la gentillesse et de la tendresse ? Cette idée est défendue dans un premier temps par Claude Habib, fervente partisane de la vie en couple, dans *Le Goût de la vie commune* : « La vie de couple favorise la morale… en donnant lieu aux pensées bonnes. Ne roule pas trop vite. Ne prends pas froid. L'autre est ce reposoir : l'occasion du souci, de la prévoyance à court terme et de la bonté quotidienne. Il me permet de trembler pour lui. Il me permet de me demander : qu'est-ce qui pourrait l'aider ? Qu'est-ce qui lui ferait plaisir[1] ? ». En somme, le couple

1. Claude Habib, *Le Goût de la vie commune*, *op. cit.*, p. 92.

serait le lieu même du souci de l'autre[1]. On peut penser, et c'est ce qu'elle déclare plus loin, que la simple présence quotidienne d'un partenaire et la nécessité de tenir compte de lui/d'elle produisent le « miracle » d'une vie plus organisée et plus reliée socialement au monde, dont les étapes se succèdent de façon plus fluide, sans qu'il faille supposer un contenu *affectif* du couple.

Le fait de ressentir une impression de familiarité ou de bien-être à habiter un logement avec un conjoint signale un sentiment d'appartenance à l'univers commun et une perception positive de celui-ci. Il n'est pas forcément aussi fort chez chacun des partenaires. Il tient à une incorporation partielle et inconsciente de l'espace de vie et du partenaire. Il n'est cependant pas assimilable à un investissement affectif envers le partenaire, même si paradoxalement la disparition de ce sentiment de familiarité avec l'espace commun est bien un indice de désamour, on le verra dans le chapitre suivant.

1. Inversement on peut rappeler la critique rageuse et radicale que faisait Charles Fourier au début du XIXe siècle de l'*égoïsme à deux* dans les couples : « deux amants civilisés [...] ne sont sublimes que pour eux-mêmes, risibles et insipides pour les autres, francs égoïstes aux yeux de tout le monde qui voit à bon droit dans leur liaison une caricature [...] une ligue de pur intérêt dont eux seuls recueillent le fruit ». Charles Fourier, *Le Nouveau Monde amoureux*, Paris, Stock, 1999[1967], p. 79.

Du souvenir des débuts au rituel amoureux conjugal

Engagés dans une relation, les partenaires conjugaux ont un passé amoureux commun, dont ils se souviennent souvent activement. Quelle place ce passé occupe-t-il dans leur vie commune ? Est-il à l'origine de certains comportements ? Sous quelle forme contribue-t-il à l'expérience affective présente ?

La comparaison, implicite ou explicite, entre le présent et la phase des débuts amoureux est une activité, chargée de nostalgie ou de plaisir, que les partenaires effectuent fréquemment, seul-e-s ou à deux. La nostalgie porte sur la jeunesse, sur le moment où on était amoureux, sur l'énergie des débuts. Cela peut être l'occasion de faire constater un changement, une perte d'enthousiasme, par exemple en matière de sexualité.

Mais l'idée existe dans certains couples ou chez certaines personnes que l'amour conjugal présent est lié à la capacité à faire vivre activement ce passé sous d'autres formes : le fait de sortir ou de voyager à deux (sans enfants ou sans amis) est ainsi considéré comme une sortie ou un voyage « en amoureux ». Les lieux choisis peuvent être des lieux connus des partenaires (pèlerinage), mais aussi des lieux nouveaux, considérés par exemple comme romantiques. L'idée est ici de relancer périodiquement une « machine amoureuse » qui tourne au ralenti.

Le passé amoureux peut aussi être célébré, sous forme de rituels privés. Des dates de l'histoire amoureuse du couple peuvent être fêtées, date de la rencontre, date du début de la vie de couple, date du mariage ; cela peut être également la fête des amoureux (Saint-Valentin). Mais ces rituels amoureux privés se trouvent souvent inscrits dans l'univers des célébrations familiales (anniversaires de mariage notamment), au même titre que les anniversaires personnels de chacun des partenaires. Le conjugal/amoureux est encastré dans le familial.

Faire plaisir au partenaire. Le cadeau comme célébration amoureuse

On a vu l'importance que prenaient les cadeaux dans la phase naissante du couple. Ils étaient liés à la nécessité de « se remettre » et de « se faire connaître » au partenaire, afin d'amorcer la relation. Il ne s'agissait pas principalement de lui faire plaisir. Dans certains couples stables, la pratique de se faire des cadeaux régulièrement entre conjoints (ou des cadeaux imprévus), en dehors des dates prescrites, est valorisée, et interprétée comme une forme de fidélité à la relation amoureuse. Mais il s'agit de cadeaux radicalement différents de ceux des débuts. Ils sont cette fois destinés à faire plaisir au partenaire, en montrant qu'on le connaît bien. Ils mettent en scène une connivence, plus qu'ils ne sont destinés à être les opérateurs d'un rapprochement. Les cadeaux ratés sont ceux qui trahissent aux yeux de celle/celui qui le reçoit le fait que son conjoint ne le/la connaît pas bien (« C'est comme cela qu'il me voit ? »). D'autres cadeaux, comme ceux du voyageur, sont destinés à montrer qu'il/elle pense à son/sa partenaire, même quand il/elle n'est pas là. D'autres cadeaux enfin, plus genrés, comme le bouquet de fleurs dominical, sont autant des cadeaux personnels que des cadeaux « pour la maison ». Ce changement dans le style des cadeaux illustre bien la transformation des enjeux affectifs, et le caractère rituel et discontinu que prend la célébration amoureuse, comme plaisir périodique que l'on fait à l'autre, ou que l'on se fait l'un l'autre.

Sexualité et affectivité dans le couple : une relation problématique ?

Les idées toutes faites abondent à propos de la sexualité dans le couple. Celle-ci serait affectée, voire tuée par la répétition et la routine du couple, et deviendrait nécessairement ennuyeuse, voire disparaîtrait. Ce thème, très présent dans la presse magazine, proche de l'expérience immédiate, et si fréquemment énoncé qu'il paraît aller de soi, se rencontrait déjà dans les lettres que des personnes catholiques en couple adressaient dans les années 1930 à un directeur de conscience désigné par l'Église, fondateur et responsable de l'Association du mariage chrétien, l'abbé Viollet[1]. Comment une activité vue comme aussi problématique pourrait-elle être une composante de la relation affective ?

Dans les idées qui circulent sur la sexualité, existe aussi celle selon laquelle il y aurait dans notre société une injonction sociale constante à la satisfaction immédiate et à la jouissance, par suite du déclin (perçu comme regrettable) des interdits et des institutions. Cette thèse a été développée par un courant psychanalytique

1. Martine Sevegrand, *L'Amour en toutes lettres. Questions à l'abbé Viollet sur la sexualité (1924-1943)*, Paris, Albin Michel, 1996.

conservateur[1]. Mais ses formulations sont souvent reprises par les personnes ordinaires, qui se plaignent par exemple de la place jugée excessive de la sexualité dans l'espace public. Il faudrait résister à cette « injonction à la jouissance », et assigner à la sexualité une place plus secondaire dans le couple.

Comme corollaire de l'idée précédente, on peut mentionner une critique plus ancienne et un peu différente qu'avaient émise divers auteurs : la place excessive qu'occuperait la sexualité dans le couple contemporain rend ce dernier fragile. C'est aussi l'idée que défendait le sociologue Louis Roussel[2], pour qui l'exigence contemporaine d'amour dans le couple avait eu pour effet de faire augmenter divorces et séparations. Au nom de la stabilité des couples, il critiquait l'irréalisme, selon lui, de cette exigence d'amour.

Revenons sur la place qu'occupe matériellement la sexualité dans le couple stabilisé, la manière dont celle-ci change avec la durée du couple et la contribution de la sexualité à l'affectivité. Il est important de tenir compte

---

1. Charles Melman, *L'Homme sans gravité. Jouir à tout prix : entretiens avec Jean-Pierre Lebrun*, Paris, Denoël, 2002.
2. Louis Roussel, *La Famille incertaine*, Paris, Odile Jacob, 1989.

des différences de tonalité, parfois fortes, entre partenaires. On dispose de données d'enquêtes ou d'études sur les comportements sexuels et de rares témoignages littéraires. Trois préalables doivent être posés à cette description.

Il est devenu socialement difficile de concevoir une vie conjugale sans sexualité entre conjoints, mais pas en raison d'une injonction au plaisir. À la suite du déclin des cadres institutionnels formels de la conjugalité (comme le mariage), l'interaction sexuelle conjugale est désormais considérée comme l'expression même de l'impulsion mutuelle des conjoints l'un vers l'autre. L'absence de rapports sexuels apparaît comme l'indice d'un problème, pouvant mener à la séparation, et nécessitant que l'on s'en préoccupe. Ainsi l'absence de désir chez un-e partenaire devient un problème conjugal, même si par ailleurs lui est reconnu le droit théorique de ne pas avoir de rapports sexuels si il/elle n'en a pas envie[1]. Le fait que des conjoints n'aient pas de rapports sexuels, lorsqu'il s'agit d'un arrangement permanent et volontaire, crée le doute sur la réalité et la durabilité du couple.

1. David Michels, *Soigner sa sexualité. Expérience des difficultés sexuelles et recours à la sexologie,* thèse d'anthropologie, université de Toulouse/EHESS, 2013.

Sexualité n'est pas l'équivalent d'affectivité. L'analyse des pratiques et des scénarios de la sexualité fait apparaître la multiplicité des significations attribuées aux actes sexuels dans un couple, au moment où ils ont lieu. On peut avoir des rapports sexuels par intérêt, parce qu'on a une demande à faire, pour terminer une dispute et se réconcilier, pour récompenser un partenaire en lui faisant plaisir, parce que c'est son anniversaire, pour oublier des soucis, pour se détendre, pour pouvoir dormir, pour qu'on vous laisse tranquille. L'activité sexuelle est une activité relativement *banale* et *plurivoque* dans le répertoire conjugal.

L'activité sexuelle n'est pas une simple recherche de plaisir physique. Les significations qu'elle revêt vont bien au-delà des satisfactions physiques, dans la mesure où il s'agit d'un temps créateur d'intimité partagée. Il y a d'autres moments d'intimité dans un couple, mais celui-ci implique plus de proximité interpersonnelle. C'est une manière pour les partenaires de s'abstraire de leur environnement. Il y a partage d'un temps, partage de paroles, partage d'un espace clos. Lorsque l'espace manque en fonction de l'insuffisance de la taille du logement, ou d'une trop grande proximité physique des autres membres de la famille, toute l'expérience de la sexualité est affectée et notamment sa contribution à l'intimité. Dans de nombreux pays latino-américains, des couples qui ont un logement commun préfèrent aller au motel[1] dans la même ville pour avoir des rapports sexuels, comme ils le faisaient étant plus jeunes, et comme s'ils avaient des relations extraconjugales. C'est leur façon de se comporter « en amoureux ».

Plaisirs et tensions dans la sexualité domestiquée

On a décrit la place importante qu'occupait la sexualité dans la phase naissante du couple : elle s'inscrit dans un processus de remise de soi et de découverte de l'autre, typique de la construction initiale de la relation amoureuse. Le rythme des rapports sexuels est alors assez élevé. La découverte qui s'opère par la sexualité n'est pas seulement physique, elle permet de découvrir plus généralement la « sensibilité » du/de la partenaire. Le passage au couple cohabitant permet de maintenir, voire d'amplifier le rythme de l'activité sexuelle, qui reste intense pendant les toutes premières années de la vie de couple[2].

---

1. Jérôme Souty, *Motel Brasil. Une anthropologie des love hotels*, Paris, Riveneuve, 2015.
2. Michel Bozon, *Sociologie de la sexualité, op.cit.*

Une nouvelle phase d'activité sexuelle, caractérisée par une réduction du rythme des rapports (qui s'établit à deux par semaine en moyenne), commence quand le couple se stabilise, au bout de quelques années. L'activité sexuelle se caractérise par une certaine régularité dans la fréquence, voire dans les jours de la semaine, qui peut pousser à y voir une habitude d'entretien du couple, le rituel privé du rapport sexuel servant à réaffirmer symboliquement et périodiquement l'existence du lien conjugal. Le caractère répétitif du script conjugal exerce un effet rassurant sur les partenaires qui deviennent plus sûrs d'eux. Il crée sécurité et confiance, la certitude de retrouver ce qu'on aime et de ne pas avoir à craindre d'actes déplaisants[1]. Le niveau des dysfonctions recule d'ailleurs par rapport à la période initiale : les femmes atteignent plus fréquemment l'orgasme, les hommes ont moins de problèmes d'érection. La valeur attachée à l'exclusivité sexuelle, qui était extrême dans la période des débuts, diminue, même si les relations extraconjugales, lorsqu'elles se produisent, ne sont pas considérées comme un événement banal.

1. Cela ne veut pas dire que les désirs et les envies soient ajustés (voir plus bas). Dans le chapitre suivant, on revient sur la question de la violence sexuelle.

Un extrait d'un roman d'Alice Ferney, *La Conversation amoureuse*, traduit la valeur qui peut être attachée à la sexualité avec la partenaire conjugale. Un homme marié défend l'intérêt de la fidélité conjugale, face à un groupe d'hommes sceptiques : « Henri dit : Faire l'amour avec une nouvelle femme ne procure pas à coup sûr plus de plaisir que le faire avec la femme qui se déshabille tous les soirs dans votre salle de bains [...]. Oui, les gens jugent plus enviable d'être infidèles parce qu'ils sont fidèles, ou parce que la fidélité sexuelle leur pèse au point d'oublier ce qu'elle leur apporte. La surprise n'est pas tout, dit-il, elle accroît l'émotion ou le trouble, mais pas forcément le plaisir. Car il y a un savoir-faire du plaisir. Celui ou celle dont vous êtes lassé sait mieux que n'importe qui ce qui vous plaît ou déplaît. Ce n'est pas le cas de la belle inconnue que vous emmenez à l'hôtel. Et même si cette connaissance n'est pas romantique, dit Henri, elle est efficace [...]. L'habitude donne plus de jouissance que la surprise[1]. »

En somme, la sexualité conjugale procure moins d'excitation, mais plus de plaisir. Le propre de la sexualité conjugale n'est pas de

1. Alice Ferney, *La Conversation amoureuse*, Arles, Actes Sud, 2000, p. 224.

créer de l'inattendu, mais de l'attendu, et sans doute une forme de détente.

C'est sans doute de ce relâchement que naît une expérience souvent mentionnée, la parole entre partenaires après l'amour. Claude Habib cite un beau passage des *Confessions* de Jean-Jacques Rousseau : « Ô amour, si je regrette l'âge où on te goûte, ce n'est pas pour l'heure de la jouissance, c'est pour l'heure qui la suit. » Et à propos des discussions sur l'oreiller, elle poursuit : « Il y a quelque chose d'inappréciable dans ces paroles en roue libre, justement parce qu'elles ne comptent pas, parce qu'elles sont au-delà de la peur de déplaire : elles ont décroché du désir et du drame. Ces confessions n'en sont plus, mais justement leur inanité fait leur prix. C'est par là qu'on peut accéder à l'idiosyncrasie et nouer un commerce avec elle, dans la suspension des bienséances et l'apesanteur du lit. Préférer l'intime à l'amour, comme le suggère Rousseau, c'est préférer le naturel à l'extrémisme et la détente à la tension[1]. »

On peut dire en somme qu'il faut avoir fait l'amour pour parler, et pas seulement l'inverse. Pas forcément au sens d'une discussion approfondie, mais d'une discussion d'où la tension a été

1. Claude Habib, *Le Goût de la vie commune*, *op. cit.*, p. 49.

évacuée, où les propos et les idées se déroulent sans ordre. C'est sans doute une des manifestations affectives les plus fréquentes, à la fois connue et méconnue, de l'intimité sexuelle conjugale. Ce n'est pas pour autant une manifestation universelle, dans la mesure où on peut aussi tout simplement dormir après un rapport sexuel.

L'expérience des partenaires dans la sexualité conjugale n'est pas nécessairement convergente, comme on l'a déjà suggéré plus haut. Mariela Carmona, psychologue chilienne, a décrit dans sa thèse soutenue en 2013 la pratique de la sexualité dans des couples stables de classe moyenne à Santiago du Chili[1]. La stabilisation du couple correspond à l'émergence d'une sexualité *domestiquée*, qui inscrit la sexualité dans un espace de prévisibilité. La domestication implique un certain renoncement : renoncement à la passion amoureuse, renoncement à l'idéal d'une vie érotique excitante, en l'échange d'un espace de sécurité et de confiance. Selon elle, c'est l'existence de cet espace de confiance, plus

1. Mariela Carmona, *La Experiencia de la sexualidad en las parejas estables. Permanencias, malestares y tensión paradójica entre autonomía y dependencia (L'Expérience de la sexualité dans les couples stables. Permanences, mal-êtres et tension paradoxale entre autonomie et dépendance)*, thèse de doctorat en psychologie, Université catholique, Santiago du Chili, 2013.

démocratique que l'ancienne position de passivité, qui érotise la relation pour les femmes. Mais ce n'est pas aussi nettement le cas pour les hommes, qui ne rencontrent pas autant de sécurité dans l'expérience relationnelle, qui leur fait craindre la dépendance. Il existe chez eux une peur de la blessure narcissique provoquée par la dépendance ou par l'éventuel rejet de l'autre (qu'ils peuvent percevoir par exemple dans le refus ou le moindre intérêt des femmes à avoir des rapports sexuels).

L'enquête que j'ai menée avec Nathalie Bajos en 2006 sur les comportements sexuels en France fait apparaître également un certain nombre de désaccords entre femmes et hommes, à propos des rapports sexuels conjugaux. Ainsi les personnes ont été interrogées pour savoir si elles souhaitaient avoir plus de rapports sexuels avec leur partenaire, moins de rapports sexuels, ou si c'était la fréquence qui leur convenait. Si l'on compare les réponses des hommes et des femmes, rapportées à la durée du couple, on voit que les proportions d'hommes et de femmes qui souhaitent avoir plus de rapports sont très élevées dans les couples formés depuis moins de six mois (41 % chez les hommes et chez les femmes), moins fortes mais toujours assez proches dans les couples formés depuis moins de cinq ans (26 % et 23 %), mais que la proportion d'hommes souhaitant une activité sexuelle plus fréquente s'accroît ensuite fortement dans les couples de cinq à dix ans d'ancienneté (44 %), alors que ce n'est le cas que de 20 % des femmes dans la même situation. La divergence qui s'instaure entre partenaires peut être rattachée à l'arrivée d'enfants, dont on a vu qu'elle polarisait les statuts parentaux et les charges des partenaires. Lorsque les enfants grandissent, la proportion de femmes intéressées à avoir plus d'activité sexuelle diminue encore par rapport à celle des hommes. On peut faire l'hypothèse, dans la suite du travail de Mariela Carmona, que l'augmentation relative avec la durée du couple des proportions d'hommes qui souhaiteraient avoir plus de rapports pourrait être liée à un lien plus étroit établi par eux entre l'existence de rapports sexuels et le maintien d'une relation affective.

Un corollaire de ce résultat est que l'expérience d'avoir des rapports sexuels principalement pour faire plaisir au partenaire est en revanche plus fréquemment signalée par les femmes. Nous avons posé la question suivante : « Est-ce qu'il vous est arrivé souvent, parfois, rarement ou jamais, d'avoir des rapports sexuels pour faire plaisir à votre partenaire *sans en avoir envie vous-même* ? » L'expérience est banale, même si elle n'est pas toujours fréquente, chez les femmes de plus de 35 ans. Parmi celles qui ont entre 40 et 49 ans,

11 % l'ont fait souvent, 44 % parfois, et seulement 21 % jamais. Leurs homologues masculins n'ont pas vécu la même expérience : 1 % l'ont fait souvent, 21 % parfois, et 47 % jamais. Ainsi une immense majorité des femmes en couple ont eu des rapports sans en avoir envie : une part de ces expériences sont proches de la violence[1], ou d'une certaine contrainte, notamment lorsque la réponse est « souvent », mais les résultats suggèrent plutôt un scénario conjugal banal où il n'est pas nécessaire pour une femme de mettre son envie en avant. Inversement la majorité des hommes disent ignorer cette expérience, soit de ne pas avoir envie, soit de vouloir faire plaisir à la partenaire, comme si le script conjugal prévoyait dans tous les cas leur implication ! Il est plus facile pour une femme que pour un homme de déclarer une absence d'envie.

En définitive, ce qui caractérise la sexualité des couples établis, c'est qu'un script interpersonnel stable s'y est mis en place dans lequel chacun

1. Une question directe sur les rapports sexuels forcés subis au cours de la vie, et sur leur auteur, était posée à un autre moment du questionnaire. Entre 2 % et 3 % déclaraient avoir subi des rapports forcés avec un partenaire intime (conjoint, compagnon, petit ami). Voir Nathalie Bajos, Michel Bozon, « Les agressions sexuelles en France. Résignation, réprobation, révolte », in *Enquête sur la sexualité en France. Pratiques, genre et santé*, Paris, La Découverte, 2008, p. 381-407.

des partenaires connaît son rôle, et qu'il peut être activé très rapidement sans grande difficulté par l'un des partenaires ou par l'autre. Il n'y a généralement pas besoin de mots. Les moments de l'activité sexuelle sont liés aux habitudes domestiques du couple. Le désir naît de ce qu'on décide d'entrer dans le script, de ce qu'on est disposé à le suivre, et la séquence produit les effets attendus, sexuels et non sexuels. La sexualité conjugale est l'exemple même de la « spontanéité programmée » – le fait d'être spontané en ne cessant d'agir dans un cadre programmé et stable – que le sociologue André Béjin[1] considérait comme un des impératifs contradictoires de la sexualité contemporaine.

Alors que les femmes des années 1960 étaient plutôt censées réagir à des demandes et initiatives masculines, ce n'est désormais pas ce qui est attendu de celles des années 2000, qui ne peuvent plus se montrer sexuellement passives, bien au contraire ; leur engagement personnel se déploie plus librement, dans un espace de confiance qui se définit par sa prévisibilité, même s'il n'est pas exempt de tensions. Pour ces raisons l'activité sexuelle entre pour elles dans une sphère de communication conjugale et d'inti-

1. André Béjin, *Le Nouveau Tempérament sexuel*, Paris, Kimé, 1990, p. 119.

mité, et peut remplir des fonctions riches, qui s'expriment par des significations multiples, non nécessairement liées à la recherche de plaisir au sens strict. Ni l'innovation ni la fréquence de l'activité ne sont indispensables pour elles dans le domaine sexuel.

Les hommes ont une position plus contradictoire vis-à-vis de cet espace commun, qu'ils ne se représentent pas aussi bien que les femmes. Par rapport à leurs aînés des années 1960, ils ne s'attendent plus à la passivité de leurs partenaires. Bien au contraire, ils désirent leur engagement, leur participation active, et une certaine régularité de l'activité sexuelle. Les significations attribuées à la sexualité sont cependant beaucoup plus pour eux celles d'une confirmation de soi. Et c'est la perte d'intérêt et d'engagement de leur partenaire, présentée souvent en termes affectifs, qui est leur plus grande crainte.

Le discours routinier sur la routine sexuelle doit donc être fortement relativisé. Dans les processus qui mènent des conjoints à ne plus s'entendre, voire à se séparer, il n'est pas sûr que la sexualité soit l'élément central, on le verra dans le chapitre qui suit. Mais douée d'une grande expressivité, l'activité sexuelle traduit de façon subtile, avant même qu'ils ne s'en rendent compte explicitement, d'éventuelles défections des conjoints à l'égard du couple.

La connivence, l'entente, les égards amoureux

De nombreuses expériences des membres d'un couple peuvent être interprétées par eux comme des manifestations affectives. Elles ne portent pas nécessairement le nom d'amour, qui reste identifié par la plupart à son acception romantique. Ces manifestations affectives peuvent ne pas être convergentes, comme il apparaissait déjà dans les débuts amoureux, et peuvent correspondre à des expériences discontinues. Où faut-il les chercher donc ?

Si l'on suivait la littérature de conseil ou les magazines féminins, on tendrait à penser que c'est l'existence d'une communication explicite et systématique entre partenaires qui est la manifestation affective par excellence du couple. Cette représentation, qui découle d'une vulgarisation de la psychologie comme instrument de gestion des rapports sociaux et interpersonnels, est bien décrite par Eva Illouz pour les États-Unis, pays plus *psychologisé* que la vieille Europe[1]. Une autre

1. Dans *Les Sentiments du capitalisme* (Paris, Seuil, 2006) Eva Illouz décrit comment l'on est passé aux États-Unis de l'utilisation des psychologues dans l'univers et les conflits du travail, à leur implication dans les relations familiales et conjugales, bien plus qu'en Europe. Au-delà même des spécialistes, il s'est développé un langage et une

manifestation affective, que l'on pourrait déduire du travail de François de Singly[1], est l'espace de reconnaissance et de bienveillance mutuelles qui se crée entre partenaires, lorsque chacun sait pouvoir bénéficier de l'appui inconditionnel, du *coaching* pourrait-on dire, de l'autre. Dans un cas comme dans l'autre il s'agit de modes de coopération conjugaux plutôt que de véritables manifestations amoureuses.

En revanche, la connivence, le fait d'être capable de se comprendre entre partenaires sans même avoir à dire les choses, apparaît comme un prolongement affectif possible de la vie commune. Claude Habib voit d'ailleurs dans les phénomènes de transmission de pensée un des plus vifs plaisirs de la vie de couple : « Il y a peu de plaisirs comparables à celui de régler ses pensées sur celles d'un autre et de deviner l'enchaînement secret qui le conduit à énoncer telle ou telle proposition. Cette satisfaction est particulièrement vive en public, lorsque le lien télépathique se maintient, traversant par instants le tissu grossier de la conversation générale. À ce jeu, les vieux couples ont

---

compétence psychologiques poussés chez les acteurs eux-mêmes (y compris les hommes), très tôt entraînés à déceler et à verbaliser leurs émotions négatives et positives.

1. François de Singly, *Le Soi, le couple et la famille*, Paris, Armand Colin, 1996.

[…] un avantage sur les jeunes amants[1]. » Cette compréhension implicite et sans effort contraste fortement avec la communication prescrite dont on a parlé plus haut. C'est le côté positif de la prévisibilité.

Alors que l'idée d'un amour-fusion n'est pas une norme ni un idéal dans les couples stables, l'idée de pouvoir connaître des moments de rapprochement intense, presque par effraction, continue à faire rêver. Claude Habib se réfère à l'expérience du vol simultané chez les oiseaux : « Comme le vol synchronisé, la connivence introduit une perfection dans le transitoire. Car la rencontre des pensées associe, non moins que le vol, l'exact et le fugace, le définitif et l'impermanent. Dans le courant informe où nous sommes emportés, quelque chose s'est produit, qui nous appartient et n'appartient qu'à nous : cette coïncidence claire et nette, rare et plaisante, qui nous affirme[2]. » Le défi est de trouver des mots pour traduire un plaisir très vif, relativement aléatoire, tout à fait banal et qui n'a pas de valeur morale. Elle retient le mot d'entente : « L'entente… est un plaisir illimité. Il ne serait pas raisonnable d'en faire la publi-

1. Claude Habib, *Le Goût de la vie commune*, *op. cit.*, p. 124.
2. *Ibid.*, p. 132-133.

cité. C'est un plaisir quand il existe, mais il est douteux qu'on puisse le produire à volonté. Ce plaisir n'a rien de moral. Il n'y a pas de quoi être fier [...]. Le plaisir des connivences est passager mais indéfiniment renouvelable. Il ne se stabilise jamais (dès qu'il est trop stable, il ennuie)[1]. » Il est paradoxal ainsi que les couples installés connaissent des convergences fulgurantes mais temporaires, porteuses de plaisir.

Un autre comportement que l'on peut considérer comme amoureux est le fait de traiter la personne du/de la partenaire comme unique, en référence et dans le prolongement de l'histoire amoureuse passée. C'est le fait de rappeler en pratique et avec régularité le statut amoureux de la relation, en refusant de se borner à être une équipe conjugale. Il s'agit de mettre en scène par des égards le statut particulier du partenaire, et de célébrer une sorte de culte amoureux. Dans ce volontarisme, l'un ou l'une des partenaires est souvent plus engagé que l'autre.

Aussi bien les moments de connivence que les égards ou la célébration de rituels amoureux sont des manifestations *discontinues* de rapprochement amoureux. Elles impliquent justement que les partenaires ne pensent pas en permanence l'un

1. *Ibid.*, p. 129.

à l'autre, ils s'oublient et ne sont pas en permanence activement amoureux, ce qui comme le montrait Roland Barthes était le sens caché des lettres ou messages dans lesquels l'un des deux dit « je pense à vous[1] ». L'amour a des éclipses. En ce sens, la relation amoureuse inscrite dans la durée serait rythmée et peut-être même constituée par l'existence de ces cycles d'engagement et de désengagement.

L'amour en horaires décalés

L'existence d'un domaine commun crée dans le meilleur des cas les conditions d'un partage d'intimité entre conjoints. Mais lorsque les conditions de la vie commune sont peu favorables, que se passe-t-il ? Les manifestations affectives sont-elles perturbées ?

Italo Calvino, dans un récit publié pour la première fois en 1958, « L'Aventure d'un ménage », rassemblé avec d'autres nouvelles dans le recueil *Aventures*[2], raconte une journée de la vie d'un

1. Roland Barthes, *Fragments d'un discours amoureux*, Paris, Seuil, 1977, p. 187.

2. Italo Calvino, *Aventures* (1964), trad. de Maurice Javion et Jean-Paul Manganaro, Paris, Seuil, n.e., 2001, © Éditions Gallimard, © Éditions du Seuil pour la traduction française.

couple d'ouvriers aux horaires décalés, dont la relation doit composer avec l'intermittence des rencontres. Ce genre de texte est assez rare dans la littérature. Résumons la nouvelle : l'ouvrier Arthur Masolari travaille dans l'équipe de nuit de son usine, et arrive chez lui un peu avant sept heures du matin, « tantôt un peu avant, tantôt un peu après le moment où sonnait le réveil d'Élise, sa femme ». Souvent, « le bruit du réveil, son pas à lui dans l'entrée se superposaient dans la conscience d'Élise et l'atteignaient au fond de son sommeil ».

> « [Parfois,] c'était Arthur qui l'éveillait ; il entrait dans la chambre, la tasse de café à la main, une minute avant que ne sonne le réveil ; alors tout était plus simple, la petite grimace au sortir du sommeil prenait un air de paresse câline [...].
>
> À cette heure-là, la maison était froide ; pourtant Élise se déshabillait, en grelottant, et faisait sa toilette dans la salle de bains exiguë. Il l'y suivait, sans trop se presser, se déshabillait, se lavait lui aussi, patiemment, se débarrassait de la poussière et du cambouis de l'atelier. Ils étaient là tous deux, à tourner autour du lavabo, nus, un peu frissonnants, ils se heurtaient de temps en temps l'un à l'autre, se chipaient la savonnette ou le tube de dentifrice, ils continuaient à se dire les choses qu'ils avaient à se dire [...]. Tout à coup Élise s'écriait : "Mon Dieu ! Déjà si tard !" Elle se précipitait... »

Les manifestations affectives dans la vie des couples sont étroitement liées aux conditions matérielles de leur vie intime, au temps qu'ils peuvent passer ensemble, à l'espace où ils vivent. Ici, le temps dont mari et femme disposent est réduit, scandé par des retrouvailles et des séparations. Ainsi le réveil de l'une correspond au retour de l'autre. L'homme qui rentre a à peine le temps de rencontrer sa femme qui part. L'état d'esprit de celui qui a maintenant tout son temps est à l'opposé de celle qui doit se presser. Les pièces du logement sont exiguës, notamment la salle de bains. Si les conjoints se heurtent sans arrêt, c'est aussi parce que, pour profiter l'un de l'autre, ils se lavent en même temps et occupent le même espace. Le temps commun est bien rempli, ce qui introduit de la joie et du plaisir, « des moments d'abandon », mais également de la tension, qui est le cadre même de leur vie quotidienne et qui crée néanmoins une familiarité agréable.

« [Arthur reste seul. Il va se coucher.] Le lit était resté tel qu'Élise l'avait laissé ; en fait, du côté d'Arthur, il était presque intact, comme s'il venait tout juste d'être rebordé. Arthur se couchait donc de son côté, bien comme il faut ; mais au bout d'un moment, il allongeait une jambe plus loin, là où traînait encore la chaleur de sa femme, et puis il poussait son autre jambe, et voici que petit à petit il se retrouvait dans sa moitié à elle (une conque de tiédeur qui gardait la forme d'un corps), blottissait son visage dans l'oreiller d'Élise, dans le parfum d'Élise, et c'est ainsi qu'il s'endormait. »

La présence absente de l'autre se manifeste lorsque l'homme va au lit, très peu de temps après que sa femme se soit levée. Chacun occupe un côté, comme dans la plupart des couples, mais comme le lit n'a pas été défait, la place de la femme conserve la chaleur et la forme de son corps. L'homme change de place et abandonne son côté, trop froid. La journée passe. Lorsqu'il se lève dans l'après-midi, il ne sait comment s'occuper en attendant sa femme, ne se sentant pas très concerné par les tâches domestiques. Comme une sorte de « cérémonial », il se livre néanmoins à quelques menus travaux. Lorsqu'elle revient, sa femme trouve que « tout est mal fait ». La distraction de son mari, son peu d'application et son manque de prévenance envers elle l'irritent et elle est près de se disputer avec lui.

« Passé le premier moment de joie à voir Élise de retour, Arthur avait déjà la tête à autre chose, l'important pour lui était de faire vite, parce qu'il devait bientôt partir. [Il s'en va.] Élise lavait les couverts, rangeait la maison de fond en comble, examinait l'ouvrage de son mari en hochant la tête... Elle se mettait au lit, éteignait. Couchée dans sa moitié à elle, elle faufilait son pied, vers la place de son mari, pour retrouver un peu de sa chaleur ; mais chaque soir, elle s'apercevait que l'endroit où elle dormait était encore le plus chaud, preuve qu'Arthur aussi avait dormi là : elle en ressentait une grande tendresse[1]. »

Soir et matin, les retrouvailles sont proches de la séparation. Elles sont en permanence entamées par le fait que les partenaires sont ailleurs en pensée, distraits, prêts à partir, pas encore tout à fait arrivés ou bien, dans le cas de la femme, accablée par toutes les tâches à accomplir. Dans cette journée, il y a donc beaucoup plus de temps faibles que de temps forts. Sur la base de l'intermittence des rencontres, d'une certaine précarité matérielle et des habitudes communes, il se développe pourtant toute une affectivité tant en la présence qu'en l'absence du partenaire, exprimée par le vif plaisir de retrouver la chaleur et l'odeur corporelles de l'autre, prolongement matériel d'une sexualité non directement mentionnée, mais que l'on suppose exister.

1. *Ibid.*, p. 90-94.

Engagement et désengagement, ou l'intermittence amoureuse

L'intermittence que connaissent les couples qui n'habitent pas ensemble permet de réfléchir sur l'expérience amoureuse de l'ensemble des couples, qui vivent aussi une alternance de moments forts et de phases plus routinières[1].

D'après les démographes, les couples non-cohabitants, que l'on dénomme en anglais les LAT *(Living Apart Together)*, sont extrêmement divers dans leur façon de vivre[2]. La plupart de ceux qu'on interroge à ce sujet disent d'ailleurs souhaiter vivre ensemble dès que possible. Mais même parmi ceux qui vivent durablement chacun de leur côté, il existe tout un continuum de situations qui ne se rattachent pas strictement à une opposition entre le choisi et le subi. On retiendra deux situations typiques en fonction du statut des logements des partenaires. Il y a la situation dans laquelle l'un ou l'une des partenaires occupe le logement conjugal et l'autre

1. François de Singly a mené une réflexion sur les couples intermittents en introduction de son livre *Libres ensemble. L'individualisme dans la vie commune*, *op. cit.*, p. 7-10.

2. Éva Beaujouan, Arnaud Régnier-Loilier, Catherine Villeneuve-Gokalp, « Ni seuls ni en couple. Les relations amoureuses non cohabitantes », in *Portraits de familles*, Paris, Ined, 2009, p. 87-112.

un pied-à-terre dans une autre ville, pour des raisons professionnelles. Une autre situation est celle où les deux partenaires occupent chacun un logement qui est leur logement principal, que ce soit dans la même ville, ou bien dans des villes ou des pays différents. Dans le premier cas, une des deux personnes se déplace régulièrement entre le logement conjugal, qui est un port d'attache, et le logement d'appoint attaché à son lieu de travail. Dans le second cas les deux partenaires vivent durablement dans leur propre logement et se rencontrent de temps à autre, et pour des durées variables, soit chez l'un, soit chez l'autre, soit ailleurs. Parmi les couples formés entre personnes de même sexe, une proportion importante se retrouve dans ce cadre de double logement principal. Il y a des éléments de choix et des éléments de contrainte dans chacune des situations mentionnées, pour l'un ou pour les deux partenaires, que l'on n'analysera pas.

Une caractéristique commune de ces couples, malgré leurs différences, est qu'ils connaissent des cycles de rencontres et de vie séparée, délimités par les transitions que sont le moment des retrouvailles et celui des adieux. La durée des séparations est parfois régulière et bien connue à l'avance, dans d'autres non. La relation est matériellement discontinue, alors même que prévaut chez les acteurs l'idée d'une continuité relationnelle. Cette idée d'un fonctionnement relationnel en deux temps, que l'on peut qualifier de fonctionnement intermittent, est un miroir grossissant pour comprendre la place des moments amoureux dans un couple stable, même lorsqu'il vit ensemble.

L'idée de moments amoureux dans une relation stable peut être vue à la façon d'un phénomène électrique. Du courant passe, il est toujours là, mais il y a des interrupteurs et des interruptions. Cependant il suffit d'allumer pour que le courant revienne ou pour vérifier qu'il n'a pas été coupé. L'expérience des couples qui ne vivent pas ensemble rend plus concrets ces moments de remise en route : le moment des retrouvailles par exemple, ou bien le coup de téléphone et la connexion à distance, ou même le moment de la séparation qui est parfois l'occasion d'une mise en scène du lien. En somme, il existe quelques phases d'intensification dans un fonctionnement à basse intensité. Ou bien de brefs moments d'engagement au sein de longues périodes désengagées. Cette représentation pragmatique des moments amoureux peut évidemment paraître insupportable à ceux qui entendent se situer dans une perspective plus romantique/passionnelle : selon leur vision des choses, la seule réalité véritable est la rencontre, la présence ou l'engagement actif, et les moments de séparation physique, de retrait, de désengagement ou de silence, provoquent malaise ou angoisse, et sont difficiles à concevoir. À l'inverse dans une représentation radicalement individualiste de l'appartenance au couple, les moments de quant-à-soi et de solitude seraient les seuls moments de vérité et de continuité du sujet, les moments de rencontre et d'engagement avec l'autre apparaissant seulement comme une occasion de renforcement ou de revitalisation de la réalité personnelle.

En somme, il faudrait éviter de voir de l'amour partout dans la vie conjugale, ou de désigner comme amoureux des comportements de simple coopération ou de bienveillance. Dans un couple stable, même les partenaires qui se disent amoureux ne le sont que par moments. L'existence de ces moments d'engagement amoureux est conditionnée à celle de moments de retrait, qui préludent à des phases de relation moins intense. Il y a une intermittence amoureuse conjugale. Dans les phases de désengagement, la relation peut s'appuyer sur la familiarité et la sécurité que procure le domaine tiers (la sphère commune), au fonctionnement relativement automatique.

Plaisirs et ambiguïtés de l'amour conjugal, et division genrée de l'expérience affective

On a identifié deux grandes manifestations de l'amour conjugal, les manifestations d'entente et les mises en scène du lien amoureux. Elles s'appuient toutes les deux sur l'existence de la sphère commune, qui est la musique de fond de la vie de couple. Mais elles vont bien au-delà d'une simple participation à une œuvre commune. Quel type de plaisir procurent-elles ?

Dans les manifestations d'entente, au caractère aléatoire et inattendu, les expériences et le domaine commun deviennent soudain et temporairement un objet de jouissance pour les deux partenaires. On se comprend sans mots, on se comprend d'un regard, les pensées se transmettent, des propos totalement décousus mais non indifférents s'échangent sur l'oreiller. La valeur de ces moments tient à leur rareté : même s'ils s'appuient largement sur la prévisibilité des comportements de chacun et sur la familiarité qu'entraîne la participation à un collectif conjugal, ils procurent plaisir quand les partenaires s'accompagnent mentalement, et involontairement, dans des lieux inattendus et de façon imprévue.

Dans ce qu'on a nommé les mises en scène et ritualisations du lien amoureux, le volontarisme est au contraire assez marqué. Il s'agit d'une sorte de culte de remotivation[1], en référence aux débuts mythiques de la relation amoureuse, que l'on tente de réanimer à partir de ses origines. Il s'agit de revivre, dans un contexte différent, le plaisir amoureux des débuts. L'organisation d'activités « en amoureux », la célébration de moments rituels, le don de cadeaux amoureux, ou l'exercice d'une sexualité régulière sont des exemples de ces moments qui font revivre l'enthousiasme des débuts, même si c'est sous une forme transformée. Une relative ritualisation a remplacé le surgissement initial, comme dans tous les cultes. De la répétition des formules attendues naît une forme de plaisir.

Dans l'amour naissant, il y avait une exigence de réciprocité forte. La relation ne pouvait progresser qu'à la mesure des réponses que chacun faisait aux remises de soi de son partenaire. Dans l'amour conjugal, l'exigence de réciprocité a perdu de son urgence et de sa nécessité. Les manifestations amoureuses sont relativement discontinues, et même si l'engagement de l'un des deux n'est pas au niveau de celui de l'autre, le domaine commun est en place et fonctionne. Le simple fait d'être engagé dans le domaine

1. François Héran, « Le rite et la croyance », *Revue française de sociologie*, n° 2, 1986, p. 231-263.

commun vaut pour certains comme preuve d'engagement affectif.

L'amour conjugal présente ainsi des ambiguïtés nombreuses. Elles naissent d'abord du fait que les modes de contribution au domaine commun diffèrent selon le sexe et ne sont pas également valorisés. Ainsi gagner de l'argent par son travail est chez les hommes une pratique personnelle, traditionnellement perçue comme une contribution essentielle et altruiste au couple et à la famille, contrairement à l'argent que gagnent les femmes par leur activité professionnelle, souvent interprétée et comme une activité égoïste et accessoire[1]. Plus encore, la sphère commune n'est pas définie de la même façon. Ce qui est domaine commun pour l'un n'est pas forcément perçu comme tel par l'autre : la sexualité peut être vue comme appartenant au domaine amoureux conjugal ou comme une demande ou un plaisir plus individuel. Plus généralement la définition de l'engagement amoureux peut diverger selon les partenaires, ou se modifier avec le temps. Ainsi il est assez habituel qu'une partenaire féminine définisse

1. Caroline Henchoz, *Le Couple, l'amour et l'argent. La construction conjugale des dimensions économiques de la relation amoureuse*, Paris, L'Harmattan, 2008.

son engagement amoureux comme entièrement tourné vers la consolidation du domaine commun (au détriment de la valorisation de son domaine personnel, relativement sacrifié), alors que l'engagement de son partenaire se limite à une présence dans l'univers commun, qui n'exclut pas l'engagement prioritaire dans un domaine personnel (comme son activité professionnelle, par exemple).

Il en découle que les manifestations amoureuses, telles qu'on les a définies, ne sont pas indifférentes non plus au sexe de ceux qui les décrivent. Il semble que les récits de connivence soient plutôt mis en avant par les femmes. Il n'est pas possible de savoir si leurs partenaires sont toujours sur « la même longueur d'onde ». Quant aux hommes, ils semblent plus disposés à la célébration et à la mise en scène idéalisée d'une relation amoureuse originelle, dont la vie sexuelle fait partie. Mais leur partenaire peut s'être éloignée de cette vision de la relation amoureuse. Cette division du travail affectif renvoie aux places différentes de chacun dans la construction conjugale, présente dès les débuts amoureux.

Malgré l'importance de la sphère commune dans les couples, et les liens nombreux qui unissent les conjoints, les manifestations de plaisir amoureux restent en définitive relativement imprévisibles, fragiles et discontinues. Au-delà des pratiques communes, de la familiarité qui existe entre conjoints et du bien-être et des bénéfices qu'ils en retirent, on ne peut jamais être certain de l'amour conjugal, ni même qu'il est partagé. Faut-il qu'il disparaisse pour qu'on s'aperçoive de son existence ?

3
Figures du désamour
Se détacher, se retirer, se reprendre

La littérature propose bien plus d'histoires d'amour que d'histoires de désamour. Si des codes empruntés à la fiction et à la poésie contribuent à organiser et à dire la sensibilité des amoureux naissants, ce n'est pas autant le cas du désamour, qui intéresse éventuellement les écrivains dans les versions tragiques et extrêmes de l'amour et de la mort, beaucoup moins dans la banalité du détachement amoureux. Les philosophes quant à eux n'en parlent jamais. Le désamour s'apprend peu à partir de discours sur le désamour. Est-il même possible de dire qu'il s'apprend ?

Même s'ils sont moins nombreux que les discours sur l'amour, quelques grands récits circulent néanmoins, qui structurent l'expérience vécue de la désunion et du détachement entre amoureux. Il y a par exemple l'histoire de l'infidélité ou de l'amour pour un autre comme coup de tonnerre dans une relation sereine. Dans cette représentation de l'amour brisé, on perçoit l'image inversée du coup de foudre dans les amours naissantes. C'est un accident imprévu qui ferait advenir le désamour. Une part de l'importance accordée à l'infidélité tient à sa spécification ancienne comme faute morale et sociale dans les discours religieux et juridiques sur le mariage. Mais de même que le coup de foudre est une entrée en matière assez rare dans l'amour, l'infidélité imprévue et soudaine n'est pas un mode de sortie très fréquent. Même si des épisodes extraconjugaux émaillent le processus de détachement amoureux, ils en sont une manifestation parmi d'autres plus que la source. Un autre récit, que les magazines proposent et auquel bien des gens adhèrent, est celui du désamour comme processus naturel, touchant tous les couples, et qui serait le résultat mécanique de la durée de la vie commune, des habitudes et de la routine, notamment en matière sexuelle.

Or toutes les relations amoureuses ne conduisent pas au désamour. Les relations de longue durée ne sont pas forcément les plus menacées. Les habitudes ne font pas nécessairement le lit du désamour, comme on l'a vu dans le chapitre précédent. Et le désamour, même lorsque les individus l'ont identifié, ne conduit pas obligatoirement à la séparation ou à la fin de la relation : il peut entraîner une renégociation de l'être-ensemble, avec une distance aux rôles, qui continuent néanmoins d'être assumés, et un développement des niches personnelles[1]. Pour autant, dans la *dynamique de la pratique amoureuse* que l'on cherche à dégager, le désamour a sa place, car il est présent à tout moment dans la pensée des amoureux comme figure négative, comme référence inversée, comme possibilité, voire comme terme obligé, à l'instar de la mort au bout de la vie.

Comme l'amour naissant, le désamour est constitué d'actes et de pratiques qui affectent les individus, et qui sont interprétés en termes relationnels. L'ambiguïté de ces événements en est pourtant une caractéristique. Si le désamour s'observe d'abord dans la banalité des pratiques, il se note également dans des non-pratiques et des abstentions (par exemple l'évitement de contacts physiques, dans la mesure où ces contacts sont devenus désagréables, éventuellement ressentis comme une atteinte personnelle). Plutôt que les étapes de la séparation, ce sont les

1. Jean-Claude Kaufmann, *Sociologie du couple*, Paris, PUF, 1993, p. 74.

manifestations initiales, explicites ou implicites, du détachement vis-à-vis du partenaire amoureux qui seront données à voir, c'est-à-dire à la fois les actes et les interprétations qui en sont données. Dans une séparation interviennent en effet de nombreuses considérations liées aux conditions de vie (pension, usage du logement, partage de biens), ou aux enfants communs. Le désamour peut se produire bien avant la séparation. Par ailleurs il ne conduit pas toujours à une séparation physique.

Les sciences sociales étudient plus la séparation et le divorce que le désamour. La question des causes de la séparation et du divorce, et celle des facteurs sociaux et démographiques qui lui sont associés sont traitées dans la littérature sociologique sur le divorce, très abondante aux États-Unis, beaucoup moins en France[1]. L'objectif n'est pas ici d'expliquer la séparation, mais de donner à voir le désamour, pratique fréquente et ordinaire. Les meilleures sources

1. Pour la France, voir l'ouvrage de François de Singly, *Séparée. Vivre l'expérience de la rupture*, Paris, Armand Colin, 2011. L'ouvrage porte sur l'expérience féminine de la séparation. Sa bibliographie est principalement étatsunienne. Voir également Anne Lambert, « Des causes aux conséquences du divorce. Histoire critique d'un champ d'analyse et principales orientations de recherche en France », *Population*, 1, 2009, p. 155-182.

en sont les journaux intimes ou les correspondances, qui enregistrent des impressions au jour le jour, ou la littérature, quand elle s'éloigne de la représentation spectaculaire ou tragique de la séparation pour se pencher sur ses manifestations plus ordinaires.

Désamour et désaffiliation politique et religieuse

Rapprocher le désamour des processus de désaffiliation religieuse ou politique peut être éclairant[1]. Des personnes élevées dans la religion catholique deviennent indifférentes à leur religion de naissance, des militants communistes de longue date s'éloignent de ce parti. Ces trajectoires individuelles sont assurément liées à des évolutions d'ensemble de la société, qui rendent les formes anciennes de l'Église et du parti étrangères aux aspirations des individus concernés et produisent de nouvelles façons de croire ou de faire de la politique. Mais si on s'intéresse au processus social et à la trajectoire qui mènent à

1. Voir par exemple Julian Mischi, « Pour une histoire sociale du déclin du Parti communiste », *in* Florence Haegel (dir.), *Partis politiques et systèmes partisans en France*, Paris, Presses de Sciences Po, 2007, p. 69-101.

la désaffiliation pour les individus, on observe que, comme le désamour, cette dernière non plus ne consiste guère en des séparations brutales (exclusion, excommunication, conflit médiatisé, suspension, démission fracassante), issues de situations clairement perçues comme insupportables, même si les ruptures spectaculaires sont toujours abondamment commentées. Désaffiliation politique et religieuse ne sont pas non plus des effets mécaniques de la routine ou de l'habitude, liés à la durée de l'appartenance au groupe.

Quand on veut éclairer la manière dont se produisent le déclin de la pratique religieuse active ou la désaffection politique qui conduit des militants de base à ne pas renouveler leur adhésion, on souligne plutôt le relâchement ou le *détricotage* des liens interpersonnels entre membres, la perte de motivation pour les (et de participation aux) rituels collectifs, le renoncement à certaines habitudes, qui aboutissent à un recul des coordinations et des contrôles sociaux qui faisaient exister le groupe. Les évolutions qui conduisent à une expérience de plus en plus individualisée et intermittente de la croyance religieuse ou de l'action politique sont cousines de celles qui produisent la désaffiliation.

Le désamour dans ses formes ordinaires peut être lu comme une forme de désaffiliation conjugale, qui s'observe à partir des processus multiples qui défont le lien amoureux, mais aussi de ce qui conduit les individus à vouloir s'affirmer, ou « se reprendre », au sein même de la relation.

La désactivation de la relation

Le désamour est un développement non inattendu de la relation amoureuse. Dans sa version la plus commune, il s'agit d'un processus de désactivation, de démotivation ou d'assèchement de la relation, qui a pour cause et pour effet une défection et une démobilisation des partenaires. On abordera essentiellement la désactivation qui prend la suite de l'implication dans des pratiques collectives denses et des échanges réglés du couple stable. Mais les cas de désimplication amoureuse qui débutent dans la suite immédiate des échanges intenses de la phase naissante du couple, sans passage par une relation plus installée, seront également examinés. Ces histoires ont des caractéristiques particulières, plus spectaculaires. On laisse de côté en revanche les aventures ou histoires brèves conçues d'emblée comme n'ayant « point de lendemain[1] ».

1. Voir le récit de Vivant Denon, *Point de lendemain*, Paris, Gallimard, coll. « Folio classique », 1995 [1777].

Dans le désamour, les réflexes amoureux se désactivent, comme une batterie se décharge (faute de recharge régulière), ou comme une machine devient hors d'usage, ou comme un tissu perd ses couleurs, faute d'entretien régulier. Le processus peut être plus brutal, à la façon d'une panne, d'un dérèglement ou d'une coupure soudaine de courant. Une autre analogie peut être empruntée à la description que François Héran donne de la démotivation des rituels, lorsqu'ils deviennent de simples formules, dont l'inspiration initiale s'est perdue[1].

Vu cette fois du point de vue de chacun des acteurs de la relation, le désamour peut être envisagé comme un mouvement actif, l'envers de l'amour naissant : un processus de retrait, qui aboutit à une reprise de soi, inverse de la remise de soi et de l'abandon initiaux. Ce mouvement de retrait peut apparaître comme involontaire, au moins au début. Il peut être vécu comme une adaptation à une situation imposée, au moins par l'un des deux. Mais la dévitalisation de la relation ne signifie pas nécessairement, ou pas uniquement, une perte pour les partenaires. Le

1. François Héran, « L'institution démotivée. De Fustel de Coulanges à Durkheim et au-delà », *Revue française de sociologie*, 1, 1987, p. 67-97.

repli tactique sur soi peut produire un sentiment de tranquillité et de bien-être, qui permet de se retrouver.

On a montré que se mettait en place, dès les débuts amoureux, une division du travail relationnel, dans laquelle les femmes étaient généralement en charge de l'entretien de la relation. Cette implication différentielle se prolonge dans la phase conjugale par leur contribution essentielle à la construction, au fonctionnement et à la charge de la sphère commune. Un corollaire pourrait être que dans le processus de désamour leur défection soit un des ressorts de la démobilisation amoureuse. Plus généralement les pratiques de désamour diffèrent chez les femmes et chez les hommes, dans la mesure où les premières sont généralement plus engagées dans le couple que les seconds, et que les échanges ne sont pas équilibrés terme à terme. Lorsqu'ils se retirent, ils ne le font donc pas non plus de la même façon.

L'ambiguïté des premières manifestations de détachement : insatisfactions, ratés, retrait

Il est difficile d'observer les premiers indices du détachement. Ce sont des manifestations ténues, d'interprétation ambiguë : certaines d'entre elles sont présentes à d'autres moments de la relation, ou même observables de manière permanente chez certains couples, mais revêtent alors d'autres significations. L'analyse que mène Kaufmann des *agacements*[1] les inscrit par exemple dans les habitudes et le fonctionnement rituel d'un couple installé. Maryse Jaspard[2], qui a mené une enquête sur les violences à l'encontre des femmes, montre qu'un mode d'échanges *conflictuel* est la marque d'une proportion élevée de couples : la présence de « disputes fréquentes avec le conjoint » est signalée par 30 % des femmes de 18 à 59 ans vivant en couple, mais cette conflictualité, qui peut être un mode d'échanges habituel dans certains couples, n'est pas directement associée à la violence proprement dite.

Chez les personnes qui font le récit d'une séparation, certains événements ou certaines impressions vont être interprétés comme les signaux d'un malaise dans la relation, qui préludent à un affaiblissement du lien. Mais rien ne prédispose les personnes à garder en mémoire les premières étapes de l'éloignement. Quand elles évoquent rétrospectivement leur séparation, elles

---

1. Jean-Claude Kaufmann, *Agacements. Les petites guerres du couple*, Paris, Armand Colin, 2007.

2. Maryse Jaspard *et alii*, *Les Violences à l'encontre des femmes*, Paris, La Documentation française, 2003.

ne s'attardent souvent guère sur ces événements précurseurs, voire les minimisent.

Le détachement, on peut le sentir ou l'observer en soi. La perception d'une faille, presque imperceptible dans la relation, n'acquiert de l'importance qu'à la lumière d'autres événements qui l'ont suivie et d'une histoire postérieure qui l'a inscrite dans un destin. Des événements identiques qui surviennent chez d'autres personnes, dans le contexte d'une relation qui s'est installée, peuvent s'incorporer très simplement à l'histoire commune. On observe une insatisfaction en soi avant qu'elle ne devienne manifeste. En quoi consiste-t-elle ? « S'il y a insatisfaction, la logique du don devient inopérante », dit Kaufmann dans *Sociologie du couple*[1]. On se met à faire les comptes dans les échanges et à se demander ce que nous apporte l'autre, et ce que nous gagnons à cette relation avec lui/elle. L'abandon de soi devient impossible. Un corollaire est que l'on se met à observer, c'est-à-dire à prendre une posture de « détachement » vis-à-vis de la situation. On se sent autre ou l'on se dédouble.

Dans *Madame Bovary*, Gustave Flaubert décrit dans ces termes l'apparition d'un « détachement intérieur » chez l'héroïne :

1. Jean-Claude Kaufmann, *Sociologie du couple*, *op. cit.*, p. 109.

« À mesure que se serrait davantage l'intimité de leur vie, un détachement intérieur se faisait qui la déliait de lui [...]. Il ne savait ni nager, ni faire des armes, ni tirer le pistolet, et il ne put un jour lui expliquer un terme d'équitation qu'elle avait rencontré dans un roman.

Un homme au contraire ne devait-il pas tout connaître, exceller en des activités multiples, vous initier aux énergies de la passion, aux raffinements de la vie, à tous les mystères ? Mais il n'enseignait rien, celui-là, ne savait rien, ne souhaitait rien[1]. »

Le détachement d'Emma Bovary s'exprime par l'observation que la personne de son mari ne lui apporte rien, ni connaissance, ni profondeur. Ses attentes personnelles et ses aspirations lui sont révélées par le fait que son mari ne les partage pas. C'est sa première insatisfaction. De cette insatisfaction, naît une irritation, un agacement lourd de conséquences :

« Elle se sentait, d'ailleurs, plus irritée de lui. Il prenait avec l'âge des allures épaisses ; il coupait, au dessert, le bouchon des bouteilles vides ; il se passait après manger la langue sur les dents ; il faisait

1. Gustave Flaubert, *Madame Bovary*, Paris, Livre de poche, 1968 [1856], p. 59.

> en avalant sa soupe un gloussement à chaque gorgée et comme il commençait d'engraisser, ses yeux, déjà petits, semblaient remonter vers les tempes par la bouffissure de ses pommettes.
>
> Emma, quelquefois, lui rentrait dans son gilet la bordure rouge de ses tricots, rajustait sa cravate, ou jetait à l'écart les gants déteints qu'il se disposait à passer ; et ce n'était pas, comme il croyait, pour lui ; c'était pour elle-même, par expansion d'égoïsme, agacement nerveux[1]. »

L'irritation liée à l'absence d'aspirations sociales du mari, à ses habitudes personnelles et à sa manière de s'habiller se manifeste dans un premier temps par des tentatives désordonnées de la femme pour corriger l'apparence du mari. Ce dernier l'interprète, à tort, comme une marque d'intérêt pour lui, alors qu'il s'agit déjà chez elle d'une manifestation personnelle, d'une nervosité qui la dépasse, d'un signe de détachement. Un écho plus contemporain de ce type d'irritation « nerveuse » à l'égard de l'apparence du partenaire se retrouve dans le roman d'Alice Ferney, *La Conversation amoureuse*, conté cette fois à partir de la perception du partenaire masculin : « Il s'était fait une raie sur le côté après

1. *Ibid.*, p. 83.

avoir mouillé ses cheveux pour les coiffer. Il avait fait cela à la cuisine pour ne pas déranger sa femme dans la salle de bains. On dirait un premier communiant ! dit Ève. Elle n'avait plus pour lui aucune gentillesse. Il le remarquait souvent depuis quelques mois : elle ne lui disait rien qui fût tendre ou prévenant[1]. »

Le personnage masculin, dans la lignée d'un Charles Bovary, subit le regard ironique et critique de sa femme et ressent l'absence des manifestations de bienveillance attendues dans une relation conjugale.

Des signes de détachement peuvent donc être observés chez le partenaire, même lorsque ce dernier n'en a pas conscience. Dans le roman de Philippe Besson, *De là on voit la mer*, dans une phase d'amour naissant et à la suite d'une discussion, une femme écrivain se rapproche physiquement de son amant : « Elle se tait, se contentant de soutenir le regard de l'autre, de le tenir encastré dans le sien, comme on tient une note, un aigu, un apogée. Puis, elle se rapproche de lui et le serre entre ses bras. Il répond à son étreinte. Mais pas autant qu'elle le voudrait. Non, pas autant qu'elle le voudrait. C'est à peine perceptible, il ne manque pas grand-

---

1. Alice Ferney, *La Conversation amoureuse*, Actes Sud, 2000, p. 110.

chose, pourtant cette infime réticence suffit à lui faire peur[1]. »

Dans une situation qui réclame réponse et abandon de la part du partenaire masculin, la narratrice perçoit un retrait du corps, une retenue, une réticence. C'est le mouvement inverse du rapprochement attendu, et il fait peur, parce qu'il crée une inquiétude sur le futur de la relation. Mais guetter des signes d'éloignement, c'est presque nécessairement en trouver. L'hypersensibilité de la narratrice, qui la rend plus observatrice que nécessaire, fait aussi partie de ces premières manifestations ténues d'éloignement.

Dans le roman de Sándor Márai, *Métamorphoses d'un mariage*, le narrateur, un riche bourgeois qui vit dans le Budapest de l'entre-deux-guerres, a épousé par amour la domestique de sa mère. Il s'aperçoit qu'elle le vole, mais surtout qu'elle l'observe : « Cela s'est passé en un seul instant, un instant de tendresse et d'intimité. J'avais fermé les paupières, puis, brusquement, je les ai rouvertes. J'ai aperçu dans la pénombre, un visage, pourtant familier mais fatal, esquisser un sourire aussi fin qu'ironique. J'ai compris alors que cette femme, avec qui j'avais cru partager des moments d'extase et d'abandon complets,

1. Philippe Besson, *De là on voit la mer*, Paris, Julliard, 2013, p. 186-187.

pour laquelle j'avais renié toutes les conventions humaines, que cette femme, donc, à l'instant le plus intime, m'observait, oui, avec une ironie aussi discrète qu'évidente[1]. »

Le caractère insupportable pour le narrateur de la situation décrite tient au contraste entre l'abandon qu'il vit personnellement dans les moments d'intimité et la perception soudaine que la partenaire l'observe et le juge, donc qu'elle ne participe pas de la même manière que lui à l'interaction amoureuse.

Une forme légèrement différente de détachement, mais qui repose sur un début de retrait, où l'on se met à observer la situation et à faire les comptes, est la naissance d'un sentiment d'injustice, pas forcément communiqué au partenaire. Cette perception est liée à la situation de couples partageant une vie et une sphère communes. Un-e des partenaires a le sentiment d'être mal traité-e et mal loti-e en fonction de ce qu'il/elle apporte à l'œuvre commune. Dans *La Femme gelée,* publiée en 1981[2], Annie Ernaux rapporte l'émergence et le développement chez la narratrice d'un sentiment d'avoir été trompée sur la réalité de la vie de couple, qui mène à un

1. Sándor Márai, *Métamorphoses d'un mariage*, Paris, Albin Michel, 2006 [1979], p. 279-280.
2. Annie Ernaux, *La Femme gelée*, Paris, Gallimard, 1981.

désenchantement à l'égard de la vie commune et du conjoint. La logique d'une juste rétribution/reconnaissance se substitue à celle du don/abandon sans compter.

L'ensemble de ces manifestations conduit à une « défection secrète[1] », c'est-à-dire au sentiment personnel que l'on n'adhère plus totalement à l'association. On peut également soupçonner cette défection chez le/la partenaire. Envers de l'abandon de soi, du dévouement attendu à la sphère commune et de la bienveillance inconditionnelle à la personne du conjoint, une nouvelle posture émerge chez soi ou est perçue chez l'autre. Elle consiste en une retenue et un retrait, qui transforment le participant en observateur, voire en évaluateur. Cette posture de retrait peut ne pas être très différente en apparence de la phase de désengagement routinier et cyclique que connaissent les couples établis (voir le chapitre 2). C'est son ambiguïté. Ce qui la distingue est que les individus perçoivent désormais que les phases de rapprochement avec le partenaire ont disparu ou se sont raréfiées.

1. Jean-Claude Kaufmann, *Sociologie du couple*, *op. cit.*, p. 110.

Désamour et expressivité de la sexualité

La sphère de la sexualité est souvent vue dans les représentations communes comme une des sources principales de l'insatisfaction amoureuse. Il est très douteux que la mésentente sexuelle soit le principal facteur du désamour. En revanche il est certain que les échanges intimes permettent aux participants de faire une multitude d'observations très fines sur eux-mêmes et sur leur partenaire, notamment sur ces composantes de l'expérience amoureuse que sont l'abandon de soi, la proximité physique, le plaisir pris à la relation mais aussi la peur du rejet. Ce qui caractérise la sphère sexuelle, c'est une expressivité extrême et une faculté à inscrire les tensions externes dans l'intimité. Elle constitue donc pour les partenaires une source d'information sensible sur l'état d'une relation amoureuse.

Dans le déroulement des rapports sexuels, les amants débutants étaient relativement maladroits et les ratés étaient nombreux à cette phase de la relation. Même si l'activité sexuelle se produit à un rythme fréquent, les rapports sexuels initiaux ne sont donc pas les plus réussis. Il y a des pannes sexuelles, des tendances à l'éjaculation précoce chez les hommes, et une difficulté à obtenir du plaisir chez les femmes, auxquelles les partenaires n'accordent pas forcément d'importance. Ils ne les interprètent pas tant en termes relationnels (un problème relationnel) qu'en termes d'inexpérience individuelle ou de familiarité insuffisante des partenaires l'un envers l'autre.

Dans les couples établis, au moins pendant les premières années, on constate paradoxalement à la fois une diminution de la fréquence de l'activité sexuelle, et une réduction des problèmes sexuels. Les rapports sexuels sont de fait plus aboutis que dans les débuts. Un scénario stable s'est mis en place, qui est très généralement satisfaisant et en tout cas rassurant, même s'il peut être moins excitant érotiquement que dans les débuts. Il repose sur une bonne familiarité mutuelle des partenaires, qui connaissent leur corps et leurs réactions, ainsi que ceux de l'autre.

En quoi la sphère sexuelle peut-elle devenir ensuite pour certains le lieu par excellence des manifestations de désenchantement, voire de détachement ? Les désaccords qui surviennent après quelques années de vie commune sont de plusieurs ordres. Il y a de nouveau des ratés dans les rapports sexuels, mais qui commencent à être interprétés comme le signe d'un problème lié à la relation même avec ce/cette partenaire.

Les pannes sexuelles ou l'absence de plaisir suscitent de l'inquiétude, qu'ils surviennent chez soi ou chez le/la partenaire. Par ailleurs, les divergences entre partenaires sur la fréquence souhaitée des rapports sexuels, qui augmentent au bout de quelques années de vie conjugale, peuvent être interprétées comme une perte d'intérêt pour la sexualité et un éloignement amoureux chez l'un ou l'autre des partenaires. Cela conduit à ce que certaines personnes, plus généralement les femmes, se résignent implicitement à avoir des rapports sexuels dont elles n'ont pas envie ou qu'elles perçoivent comme désagréables, parce qu'elles ne veulent pas que leur réticence (éventuellement temporaire, par exemple au moment de la naissance d'enfants) soit interprétée comme un détachement amoureux. Dans sa thèse sur les personnes vivant en couple qui vont consulter des sexologues, David Michels note ainsi que des jeunes femmes qui n'ont pas envie d'avoir des rapports sexuels avec leur conjoint sentent que cette situation met en danger le couple et se laissent convaincre par leur mari qu'elles doivent consulter un spécialiste pour ce « problème »[1].

1. David Michels, *Soigner sa sexualité. Expérience des difficultés sexuelles et recours à la sexologie*, thèse de sociologie, université de Toulouse/EHESSS, 2013.

Travaux historiques et œuvres littéraires témoignent de périodes où les partenaires masculins pouvaient accomplir le « devoir conjugal » sans se préoccuper du tout des aspirations ou du dégoût de leurs partenaires, mais où ces dernières commençaient à exprimer une réticence, voire une résistance.

L'ouvrage de Martine Sevegrand[1], qui présente des lettres écrites à l'abbé Viollet par des hommes et des femmes catholiques dans l'entre-deux-guerres, donne ainsi de nombreux exemples d'hommes qui « réclament leur dû » avec insistance et de femmes qui, au-delà de la volonté de ne plus avoir d'enfants, manifestent un dégoût de plus en plus ouvert à l'égard des rapports sexuels avec leur partenaire.

Dans *Belle du seigneur* d'Albert Cohen, récit qui se déroule dans les années 1930, l'héroïne Ariane subit les assauts sexuels de son (premier) mari, qui lui sont devenus désagréables, mais avec un détachement ironique qui lui fait comparer son partenaire à un chien, un pékinois qui joue, qui fait sa gymnastique de chien sur elle : « Elle ne put s'empêcher de japper intérieurement. Elle s'en voulait du fou

1. Martine Sevegrand, *L'Amour en toutes lettres. Questions à l'abbé Viollet sur la sexualité (1924-1943)*, Paris, Albin Michel, 1995.

rire qu'elle maîtrisait tandis [qu'il] mordillait consciencieusement, elle avait honte, mais elle continuait ses petits aboiements secrets, ouaou, ouaou[1]… »

L'héroïne décrit une défection secrète, qui ne la mène ni à une révolte ni à une résistance, mais qui dans la suite du récit va la conduire vers un autre homme.

Dacia Maraini, dans *Femme en guerre*, roman publié en Italie en 1975, décrit littérairement le passage de la résignation à la révolte chez une femme qui doit « donner satisfaction » à son mari : « Après dîner, nous nous sommes allongés sur le lit. Je voulais lire. Il voulait faire l'amour. […] Contre mon gré, je lui ai donné satisfaction. Par gentillesse, par habitude, par amour, je ne sais pas. J'attendais la fin pour goûter la joie de son plaisir forcené. J'éprouvais une satisfaction trouble et docile à le sentir accroché à moi, rageur, sombre, courant vers un plaisir solitaire. La satisfaction s'est vite transformée en rancœur. Et même en haine. Pour la passivité de mon corps, pour l'inertie sinistre et boueuse de cette étreinte, pour le devoir qui entravait ma révolte, pour la sou-

1. Albert Cohen, *Belle du seigneur*, Paris, Gallimard, coll. « Folio », 2007 [1968], p. 257.

mission perverse dont je faisais preuve. Quelque chose me brûlait la gorge, mais je n'arrivais pas à le recracher[1]. »

Ce récit, typique dans sa forme de la mobilisation politique féministe des années 1970, montre toute l'ambiguïté des attitudes de résignation aux rapports sexuels pour faire plaisir au partenaire, « par amour » dit la narratrice, qui n'y voit pas la violence qu'on verrait sans doute à l'heure où nous écrivons. La « satisfaction trouble » de la narratrice à exercer une forme de pouvoir sur son partenaire « accroché à [elle] » se transforme en rancœur et en haine. Elle perçoit sa propre soumission, qui lui fait soudain horreur. La contrainte subie n'est plus acceptée comme normale.

Des récits littéraires se référant à des périodes plus récentes peuvent également décrire le corollaire de ces situations, la frustration et l'inquiétude produites par ce qui est interprété chez le/la partenaire comme de l'indifférence amoureuse. Les récits qui mettent en scène les impressions de narrateurs masculins sont plus nombreux. Alice Ferney décrit ainsi une discussion entre mari et femme à ce propos : « Quand il s'approchait d'elle au fond du lit, elle avait envie de dormir,

1. Dacia Maraini, *Femme en guerre*, Paris, Éditions des Femmes, 1977 [1975], p. 359-360.

il la laissait dormir, elle dormait. Elle dormait complètement, pensait-il, elle dormait son amour. Jamais plus elle n'avait un éveil sensuel. Il le lui faisait remarquer. Je sais, murmurait-elle, j'ignore ce qui s'est passé (elle sous-entendait, depuis la naissance de Sarah). Il ne se mettait pas en colère. Il essayait de parler. [...] Tu crois vraiment que je te repousse, que tu peux dire cela ? disait-elle finalement avec colère. [...] Lui aussi finissait par s'énerver. Oui, disait-il, je crois que je peux le dire. Le désaccord faisait de lui un comptable : il lui fallait prouver ce qu'il disait. [...] À ce moment elle avait les yeux pleins de larmes. Elle éprouvait de l'amour pour son mari mais le désir s'était envolé et elle n'avait pas envie de se forcer[1]. »

Le lien entre rapports sexuels et amour est discuté par les partenaires. La disparition des rapports sexuels est perçue comme signe de la dissolution ou de l'assoupissement de la relation amoureuse par l'homme, et par la femme comme un problème qu'elle ne s'explique pas mais qui la préoccupe.

Il existe également quelques récits donnant un point de vue de femme sur la colère que peut provoquer un partenaire que n'intéresse plus la

1. Alice Ferney, *La Conversation amoureuse*, *op. cit.*, p. 148-149.

vie sexuelle. Dans *À vous*, de Catherine Cusset, le mari de la narratrice se met à dormir sur le canapé au rez-de-chaussée : « Je me tourne et me retourne dans mon lit. Parfois je me lève, je m'assieds sur une marche de l'escalier et, dans la demi-clarté d'une nuit de pleine lune, je l'observe dormir, recroquevillé sur son canapé, avec cette odeur de cendre froide qui monte du salon. Cinq mois. Il est très fort cet homme qui m'a réduite au silence, qui m'oblige à un enfer de patience. Je le hais[1]. »

C'est au nom de ses attentes d'une communauté érotique entre partenaires amoureux que la narratrice déclare une insatisfaction, qui n'est pas encore orientée vers un processus de désamour, mais qui pourrait le devenir. L'insatisfaction exprimée à partir de la sexualité est l'occasion d'évoquer l'ensemble d'une relation, notamment ici le silence du partenaire.

La sexualité entre partenaires est une activité attendue, aux diverses étapes d'une relation amoureuse. L'évolution du style de l'activité sexuelle au fil d'une relation traduit d'abord les changements qui s'effectuent entre la phase de construction d'une intimité personnelle, et celle d'entretien d'une relation installée dans

1. Catherine Cusset, *À vous*, Paris, Gallimard, coll. « Folio », 2003 [1996], p. 74.

la durée, qui repose sur une certaine densité d'échanges collectifs. Mais pourquoi est-elle si souvent mentionnée dans les phases de détachement amoureux ? La sexualité n'est pas l'activité la plus importante de la relation amoureuse. Sa spécificité est d'être capable d'exprimer subtilement, mais aussi souvent de façon ambiguë, à travers les pratiques volontaires et involontaires des corps et à travers les perceptions que les partenaires en ont, tout l'éventail des émotions et attitudes liées à l'expérience amoureuse. Son importance tient à son caractère à la fois symbolique et matériel. Étant l'un des principaux langages de l'amour dans toutes ses modalités, elle l'est donc aussi du désamour.

Note sur la fidélité et l'interprétation de l'extraconjugalité

La question de la sexualité extraconjugale n'a pas été mise au premier plan dans cette réflexion sur la sexualité et le désamour. Or on sait que bien souvent les personnes qui observent chez leur partenaire des signes de détachement – dans l'activité sexuelle ou ailleurs – lui demandent ou se demandent s'il a « quelqu'un d'autre ». Découvrir que le conjoint a une relation extraconjugale conduit souvent les individus à opérer une interprétation de la conduite du partenaire en termes de détachement. Elle devient une preuve externe, une cause de l'éloignement.

L'utilisation et le rappel de la norme et de l'attente de fidélité dans la conversation conjugale montrent qu'elle s'est transformée en un instrument d'évaluation de la relation amoureuse. La relation extraconjugale n'est plus, sauf dans les débuts amoureux, interprétée unilatéralement comme une faute absolue, et sa découverte donne lieu à un travail d'interprétation et de contextualisation du comportement. Dans un récit que l'on peut qualifier d'autofiction, *L'Amour, roman*, de Camille Laurens, deux conjoints se disputent, car la femme a un amant et son mari le lui reproche. Elle lui répond qu'il est mal placé pour lui faire la leçon, et il répond : « Moi ce n'est pas pareil : je t'aime. Je t'ai toujours aimée. Même quand j'ai couché avec d'autres filles, c'est toi que j'aimais. C'est à cause de toi les autres : parce que tu ne m'aimes pas assez. J'aime les femmes, c'est vrai mais c'est toi que j'aime ». Elle fait deux pas vers lui et lui demande : « Qu'est-ce que tu appelles aimer[1] ? » La norme peut donc être discutée, les conditions de son application, ou de la suspension de son

1. Camille Laurens, *L'Amour, roman*, Paris, POL, 2003, p. 89.

application, justifiées, et ses conséquences pour la relation amoureuse évaluées.

La découverte d'une « infidélité » donne lieu à une négociation implicite ou explicite entre partenaires que l'on n'abordera pas ici, mais qui diffère fortement selon les situations et les contextes[1]. On peut décider de « sacrifier » le partenaire extraconjugal. On peut s'accorder une certaine liberté dans la discrétion et le secret, qui n'empêche pas l'ambiguïté : il est difficile de décider si le secret indique l'importance de la relation secondaire ou inversement son caractère secondaire. Par ailleurs, rien n'indique que la situation ne soit pas subie par un des partenaires. Les pactes de transparence ou le partage de confidences sur les aventures extraconjugales, décrits par Élisabeth Vailland, et illustrés par d'autres couples célèbres (Jean-Paul Sartre et Simone de Beauvoir) ou moins célèbres[2], sont plutôt exceptionnels, même s'ils fascinent le public.

Si l'infidélité, ou la rencontre d'autres partenaires, est loin d'être le signe premier du désamour, c'est une manifestation qui l'accom-

1. Sur ce sujet, voir la typologie des formes d'infidélité par Charlotte Le Van, *Les Quatre Visages de l'infidélité en France. Une enquête sociologique*, Paris, Payot, coll. « Essais Payot », 2010.

2. Voir Régine Dhoquois-Cohen et Guy Dhoquois, *Un couple libre. Autobiographie conjointe*, Paris, L'Harmattan, 2015.

pagne souvent, au sens où elle en constituerait la preuve pour certains individus. Et pourtant elle ne conduit pas nécessairement au désamour.

*L'intime étrangeté, l'*estrangement

Autant la vie des partenaires d'un couple établi s'appuie sur un socle de familiarité avec le partenaire et avec l'univers commun du couple, sur lequel se greffent des manifestations amoureuses plus ponctuelles, autant le désamour se traduit par un sentiment d'étrangeté, aux formes multiples. Du familier et du connu deviennent de l'étranger. On devient étranger à l'autre, l'autre devient étranger, on ne sait plus pourquoi il nous plaisait, l'espace commun devient étranger. On perçoit l'autre comme absent, ou on ne le reconnaît plus. À l'exaltation du rapprochement initial et à la familiarité conjugale, fait suite la coexistence indifférente ou douloureuse de deux étrangers.

Pour désigner ce phénomène, on pourrait recourir à un terme de vieux français, « estrangement », conservé dans l'anglais *estrangement*, qui désigne à la fois un état psychologique et un processus, que l'on traduit selon les contextes par désaffection, éloignement psychologique, indifférence, hostilité, fait de devenir étranger à quelqu'un, voire séparation. Une expression paroxystique de ce processus d'estrangement est donnée dans le roman de Guy de Maupassant, *Une vie*. Ce récit de la fin du XIXe siècle conte du point de vue d'une femme l'évolution de ses relations avec l'homme qu'elle vient d'épouser. Au retour d'un voyage de noces amoureux en Corse, et sans passage par un état intermédiaire de familiarité agréable, elle se retrouve avec un parfait étranger :

> « Ses relations avec Julien avaient changé complètement. Il semblait tout autre depuis le retour de leur voyage de noces, comme un acteur qui a fini son rôle et reprend sa figure ordinaire. C'est à peine s'il s'occupait d'elle, s'il lui parlait même ; toute trace d'amour avait subitement disparu ; et les nuits étaient rares où il pénétrait dans sa chambre.
>
> […] Elle avait pris son parti de ces changements d'une façon qui l'étonnait elle-même. Il était devenu un étranger pour elle, un étranger dont l'âme et le cœur lui restaient fermés. Elle y songeait souvent, se demandant d'où venait qu'après s'être rencontrés ainsi, aimés, épousés dans un élan de tendresse, ils se retrouvaient tout à coup presque aussi inconnus l'un à l'autre que s'ils n'avaient pas dormi côte à côte[1]. »

---

1. Guy de Maupassant, *Une vie*, Paris, Gallimard, coll. « Folio classique », 2011 [1883], p. 110-111.

L'impression que le mari est devenu un étranger est ici attribuée à ses manières d'être et de faire avec elle : il ne lui parle plus, il ne se préoccupe plus d'elle, il ne la visite plus sexuellement. L'âme et le cœur se sont refermés. Dans des passages non cités, la narratrice indique également la négligence vestimentaire, les excès d'alcool, et le fait qu'il ne se rase plus, ce qui « l'enlaidissait considérablement ». Le changement est si soudain qu'il pousse l'héroïne à interpréter la période amoureuse antérieure, à laquelle elle avait participé avec enthousiasme, comme un faux-semblant, un simple rôle que son mari aurait joué. Après s'être abandonnée, elle se trouve abandonnée par l'homme qui vit à côté d'elle. L'amour a disparu soudainement. Le passé n'a peut-être jamais existé.

Typique des premières manifestations de désamour est le contraste que l'individu ressent entre sa connaissance incorporée de l'autre et le sentiment nouveau qu'en fait il ne sait rien de lui/elle. Dans le roman *De là on voit la mer*, la narratrice, qui vit temporairement seule en Italie pour écrire, revient à Paris, à la suite d'un grave accident de voiture qu'a eu son mari. Elle le visite à l'hôpital : « Lorsqu'elle regagne la chambre, Louise contemple François, longuement, elle ne peut pas prétendre qu'il est un étranger, elle connaît par cœur ce visage, la masse de son corps, pourtant quelque chose en lui résiste, résiste à son expérience, à son savoir. Elle affronte une ombre, la part de son mystère. Quand il se réveillera, elle ne posera pas de question[1]. »

La connaissance et la familiarité qu'a la femme de son mari, ici inconscientes, sont réduites à des aspects physiques et matériels (« la masse de son corps »). Mais elle perçoit que tout le reste est mystérieux et lui est fermé. Et alors qu'elle a des doutes sur les circonstances de son accident, elle ne cherchera pas à les éclaircir. Elle accepte qu'il lui reste étranger.

Elle revient à l'appartement conjugal, mais s'y sent une simple visiteuse :

> « C'est l'appartement d'Alésia. Le parquet chevronné qui craque sous les pas. Le blanc légèrement estompé des murs. Les moulures au plafond. Le marbre des cheminées. Le reflet des miroirs. Tout ce décorum haussmannien qui devrait paraître familier à Louise puisque ces murs sont les siens depuis longtemps, et qui lui semble curieusement étranger, tant il jure avec la frugalité de la chambre d'hôpital, et avec ses habitudes italiennes.
>
> Elle marche dans les pièces, les arpente une à une, prend leurs dimensions, se sent à l'étroit, sans ligne d'horizon, ne perçoit plus la chaleur sous la

1. Philippe Besson, *De là on voit la mer*, *op. cit.*, p. 99.

plante de ses pieds, c'est un territoire légèrement hostile, sans danger véritable pourtant, simplement incongru, inconvenant. Elle y marche comme si elle devait tout réapprendre, comme si tous les repères avaient été perdus. Elle reconnaît tout mais ne se reconnaît pas dans ce tout. Il lui faut retrouver des marques, réinvestir les lieux[1]. » [Suit un développement sur le silence qui règne dans l'appartement, et sur le silence avec son mari.]

La narratrice décrit la perte de la familiarité avec l'espace commun, qui la conduit à observer de nombreux détails, à l'instar du regard que l'on porte sur un lieu que l'on visite pour la première fois. Le territoire connu dans lequel elle ne trouve plus de place pour elle devient « légèrement hostile », ce qui est rapporté à des impressions peu agréables comme le manque de chaleur sous les pieds, l'absence de perspectives, une impression générale d'étroitesse.

Cette expérience d'un espace commun qui perd sa chaleur matérielle et humaine et devient « incongru » est une étape classique du désamour. Dans un couple établi, l'expérience sensible qu'on a de l'autre est étroitement associée au lieu où l'on vit avec lui/elle. Le lieu retient une part de la personne. Et quand le lien commence à se défaire,

1. *Ibid.*, p. 90.

le lieu devient inamical, prison ou espace ouvert à tous les vents. Parfois, c'est même du lieu que l'on se détache avant de s'éloigner du partenaire.

Ce sentiment qu'un lieu et un être que l'on connaît bien et avec qui l'on se sent bien sont en réalité bien plus complexes et en partie inconnus est une sensation commune et habituelle dans les couples installés. On entre dans le désamour quand cette sensation d'*intime étrangeté* devient perturbante et que l'autre devient étranger au point de remettre en cause la familiarité antérieure et agréable entre les conjoints.

Comment l'espace commun se défait

Lorsque la relation au partenaire conjugal commence à être questionnée, le fait de partager un espace commun avec lui/elle devient source de sentiments négatifs. Une première étape peut être de chercher à éviter d'être trop présent dans ce lieu. Puis de chercher à y occuper des espaces les plus distincts possibles, en réduisant le domaine commun.

Dans le récit romantique *Adolphe*, de Benjamin Constant, paru en 1816, le héros éponyme cherche à retarder le moment du retour au château d'Ellénore, sa maîtresse, « à peu de distance de Varsovie ». Pendant ce retard délibéré, il laisse aller ses pensées :

> « Je voulus, en retournant à pied, retarder le moment de revoir cette Ellénore que je venais de défendre [dans une conversation avec l'ambassadeur de France] [...].
>
> J'errais plongé dans cette rêverie, toujours sans plan fixe, ne me disant point qu'il fallait rompre avec Ellénore, n'ayant de la réalité qu'une idée sourde et confuse [...]. Je découvris tout à coup le château d'Ellénore, dont insensiblement je m'étais rapproché ; je m'arrêtai ; je pris une autre route ; j'étais heureux de retarder le moment où j'allais entendre de nouveau sa voix [...]. Je promenais mes regards sur l'horizon grisâtre dont je n'apercevais plus les limites, et qui par là même me donnait, en quelque sorte, la sensation de l'immensité. Je n'avais rien éprouvé de tel depuis longtemps ; sans cesse absorbé dans des réflexions toujours personnelles, la vue toujours fixée sur ma situation, j'étais devenu étranger à toute idée générale ; je ne m'occupais que d'Ellénore et de moi [...]. La nuit presque entière s'écoula ainsi. Je marchais au hasard ; je parcourus des champs, des bois, des hameaux où tout était immobile[1] [...]. »

1. Benjamin Constant, *Adolphe*, Paris, Gallimard, coll. « Folio classique », 2005 [1816], p. 89-94.

Dans ce récit éloigné de notre époque, Adolphe, prototype du héros indécis, qui vit chez sa maîtresse dans un pays étranger, ne retrouve de capacité à rêver et à réfléchir que par le fait de ne pas retourner chez elle et de se promener, même de nuit, dans une campagne qu'il perçoit comme immobile. Il se détache de sa maîtresse, en s'élevant à des « idées générales », qu'il ne peut plus avoir quand il est avec elle, ou chez elle. De fait il sent qu'il n'a jamais été qu'une sorte d'invité de marque dans ce château et ce lieu le rebute. Dans des récits plus contemporains, les personnages masculins prolongeraient leur temps de travail hors du domicile, ou sortiraient avec des amis ou collègues, pour ne pas retrouver trop tôt le domicile conjugal.

Dans le récit déjà cité de Dacia Maraini, *Femme en guerre*, l'héroïne décrit l'impression pénible du retour à la chambre conjugale à Rome avec son mari, après quelques semaines qu'elle a passées seule à Naples.

« Il m'a prise par la main et m'a entraînée dans la chambre à coucher. Il a ouvert la porte d'un coup de pied. C'est l'odeur de la savonnette au soufre que j'ai sentie au premier abord. J'ai jeté un coup d'œil alentour sur le lit de fer bas, l'armoire en faux bois, les pantoufles avachies, la carpette effilochée représentant Diane chasseresse en blanc et bleu, la photographie de Giacinto exhibant un cernier de dix kilos, la lampe de chevet à l'abat-jour poussiéreux, incrusté de deux moustiques, mes livres empilés sur les étagères proches de la fenêtre, le rideau à fleurs griffé par les ongles du chat ; tout était tel que je l'avais laissé un mois auparavant. Je me suis jetée sur le lit tout habillée, sans ôter mes chaussures. Giacinto m'a déshabillée gentiment comme si j'étais une petite fille. J'ai dit que je voulais dormir. Il m'a serrée contre lui avec fureur[1]. »

Observer d'un coup d'œil la chambre à coucher, où l'entraîne son mari dès son arrivée, est une manière pour la narratrice d'évaluer rétrospectivement et de prendre congé de sa relation conjugale. Le fait que tout soit encore comme elle l'avait laissé montre qu'elle est la seule à entretenir le lieu commun, qui ne vit pas en son absence. La pièce apparaît soudain étroite, négligée et sans grâce. L'odeur familière de savonnette est soudain désagréable. Les éléments de décor qu'elle observe font apparaître un éloignement entre femme et mari qu'elle ne voyait pas si clairement auparavant, ses livres d'un côté, une photo de trophée de pêche de son mari de l'autre. Manifestant son extériorité

1. Dacia Maraini, *Femme en guerre*, *op. cit.*, p. 348.

aux lieux et à ce qu'ils lui signifient, elle reste sur le lit tout habillée, comme dans un hôtel où elle viendrait d'arriver, mais son mari n'en tient aucun compte.

Dans le roman de Sándor Márai déjà cité, qui se déroule dans le Budapest de l'entre-deux-guerres, un épisode conte le retour d'une femme qui rentre chez elle après avoir découvert des indices de l'infidélité de son mari, qui l'affectent beaucoup. Maîtresse de maison bourgeoise, qui ne travaille pas à l'extérieur de chez elle, l'héroïne décrit son appartement, qu'on devine bien meublé, comme donnant une impression de vide. L'image est celle du passage d'un huissier : « Tout était à sa place, mais les pièces étaient vides, comme si un huissier – avec beaucoup de tact et de délicatesse – avait fait enlever les meubles les plus importants[1]. » L'interprétation donnée par la narratrice est strictement sentimentale : l'appartement est devenu vide et sans âme, parce que l'amour l'a déserté. La réflexion sur les lieux la conduit à une réflexion sur la manière dont son mari les occupe, comme un étranger, se tenant dans d'autres pièces qu'elle.

Dans le désamour, l'espace commun se défait et s'étiole, car il n'est plus nourri. Cela ne veut

1. Sándor Márai, *Métamorphoses d'un mariage*, *op. cit.*, p. 54.

pas dire qu'il se privatise, mais qu'il perd vie. Il devient lieu de passage plus que lieu de rencontre, d'occupation commune ou de plaisir. Dans les appartements ou demeures où la place ne manque pas, il est possible que les conjoints occupent en temps ordinaire des espaces séparés. Ainsi dans le milieu de petite aristocratie rurale que décrit Maupassant dans *Une vie*, les lieux de chacun sont nettement distincts. Il est normal de faire chambre à part, mais pas de ne jamais se visiter ni se rencontrer. Là où l'espace est plus compté, les conjoints peuvent occuper des coins ou des pièces qu'ils s'approprient, et où ils passent plus de temps que nécessaire : dormir sur le canapé, avoir un bureau ou un coin de travail et y rester des heures, ou bien même cesser de manger ensemble (notamment en France, où le repas commun est l'un des indices principaux de la communauté de vie).

L'étiolement de la communauté de vie n'est perçu comme un facteur de désamour que lorsqu'il correspond à un saut significatif par rapport à une situation antérieure où il existait déjà des formes de division de l'espace privé (par exemple lorsqu'on se met à dormir chacun de son côté alors qu'on ne le faisait pas jusque-là), ou quand des éléments subjectifs nouveaux (comme dans les deux cas cités plus haut) viennent remettre en cause le regard qu'on avait sur l'acceptabilité des arrangements conjugaux. Les deux partenaires, quel que soit leur sexe, n'en ont pas forcément la même perception. Occuper plus longuement un espace à soi, c'est aussi reprendre son temps, le temps que l'on passait dans l'espace commun et que l'on donnait à l'autre[1].

Le partenaire importun et le désamour de réaction

Diane Vaughan, qui décrit dans son ouvrage *Uncoupling*[2] les étapes de la dissolution d'un couple, montre qu'il ne s'agit pas d'un processus réciproque, auquel les deux partenaires collaborent, mais qu'il y a toujours un initiateur, quel que soit son sexe, tandis que l'autre partenaire est plutôt amené à réagir. Ainsi le désamour ne se développe généralement pas de façon simultanée, du moins au début. Mais le désamour de l'un ne peut coïncider durablement avec des manifestations amoureuses de l'autre, car elles

1. On ne développera pas ici la revendication féministe d'une *chambre à soi* (d'après le titre du texte de Virginia Woolf), qui, plus qu'une question de logement, désigne une autonomie, un domaine personnel, associé à des ressources à soi.

2. Diane Vaughan, *Uncoupling. Turning Points in Intimate Relationships*, Oxford, Oxford University Press, 1986.

deviennent importunes et sont perçues comme lourdes, éventuellement comme violentes, dans la mesure où elles ne sont plus attendues.

Adolphe, le héros romantique de Benjamin Constant, s'irrite lorsqu'il apprend les manifestations d'inquiétude de sa maîtresse pour lui, qui le fait chercher parce qu'il n'est pas rentré : « Ce récit me remplit d'une impatience assez pénible. Je m'irritais de me trouver soumis par Ellénore à une surveillance importune. En vain me répétais-je que son amour seul en était la cause ; cet amour n'était-il pas aussi la cause de tout mon malheur[1] ? » La narratrice féministe de *Femme en guerre*, qui s'éloigne de son mari, déclare : « Je me suis endormie avec ce poids [le poids de son mari] sur moi, comme un enfant à cheval sur mon dos[2]. » Le corps de l'homme apparaît désormais comme envahissant.

Il y a un désamour de réaction à celui de l'autre. Le partenaire qui est désigné comme importun est obligé d'adapter rapidement ses pratiques : il doit renoncer par exemple à s'approcher physiquement de l'autre si ce dernier fuit les contacts, et cesser les manifestations amoureuses rituelles. Il y a une force d'entraînement dans le désamour, comme il y en avait une dans l'amour naissant.

1. Benjamin Constant, *Adolphe*, *op. cit.*, p. 94.
2. Dacia Maraini, *Femme en guerre*, *op. cit.*, p. 403.

Dans le roman de Philippe Besson *De là on voit la mer*, le mari propose à sa femme de retourner à un restaurant qu'ils ont fréquenté étant plus jeunes, une pratique amoureuse typique des relations conjugales établies. Le récit littéraire fait se succéder le point de vue de la femme qui a commencé à se détacher de son mari, et celui du mari, qui cherche à ranimer la relation amoureuse avec elle. Le restaurant qu'ils ont connu ensemble a perdu tout attrait pour elle, parce qu'il n'a pas changé, et s'est simplement recouvert de « poussière », ce qui lui évoque la relation figée avec son mari. Pour lui, au contraire, la permanence du lieu est source de joie et signale la pérennité de la relation, ce qui le rend heureux et volubile. De ce gouffre qui s'est installé entre eux, dont ils ne parlent pas, il ne se rend compte qu'au retour chez eux, après le repas, par l'observation de signes muets : « C'est seulement lorsqu'ils ont regagné leur appartement qu'il a fini par comprendre qu'ils n'avaient pas vécu la même scène. C'était à peine détectable pourtant : une question éludée, un battement de paupières trop rapide, un soupir, une façon de se démaquiller comme on se déleste, de changer de conversation et alors, l'évidence s'est imposée à lui : le souper italien avait été un fiasco. Mortifié, il a préféré ne pas en parler avec elle, ne jamais aborder le sujet[1]. »

Et le repas rituel en amoureux, vidé de son sens, se transforme pour lui tout au contraire en un symbole de l'éloignement qui s'est installé entre eux.

L'inévitable adaptation du second partenaire à l'éloignement perçu du premier se fait donc assez vite. Le retrait de l'un lance la démobilisation collective, là où inversement dans les débuts amoureux l'abandon de soi chez l'un poussait l'autre à se mettre en route.

Refus de l'autre, repli sur soi, redécouverte de soi

Le retrait et le détachement sont un processus actif et passif à la fois. Ils engendrent simultanément une certaine anesthésie, une peur, une souffrance éventuellement. Ils peuvent préluder à un nouvel éveil, une excitation, mais qui ne sont plus provoqués par l'autre. Dans les premières étapes, ce qui domine est la réduction des contacts avec l'autre, qui produit un recentrement tactique sur soi, une redéfinition des

1. Philippe Besson, *De là on voit la mer*, *op. cit.*, p. 144.

contours de la personne. Le caractère apparemment hétéroclite mais global du processus apparaît bien dans les propos de Françoise, psychologue de cinquante-cinq ans, qui, invitée à évoquer son expérience du désamour, se met à faire une sorte de catalogue, où elle parle d'elle paradoxalement à la troisième personne :

> « On reprend le contrôle de son temps, on ne dit plus ce qu'on fait.
>
> On ne se livre plus, on ne parle plus de soi, on ne parle plus de ses lectures, on ne parle plus de son travail, on ne demande plus conseil, on refuse les influences de l'autre.
>
> On efface les marques de l'autre sur soi, on ne porte plus les bijoux qu'il a offerts, on n'utilise plus ses objets, on rejette les acquisitions communes ou bien au contraire on cherche à se les approprier.
>
> On diminue les efforts physiques pour plaire, on reprend de vieux vêtements confortables.
>
> On fait le strict minimum conjugal, on ne "prolonge" plus après l'amour, on évite les tête-à-tête.
>
> On se réapproprie ses préférences culinaires, on achète chacun pour soi (chacun sa marque de café), on ne "pique" plus dans l'assiette de l'autre, on ne se laisse plus voler son peigne et ses ciseaux à ongles.
>
> On refuse les discussions et les disputes, on cherche à éviter les reproches pour avoir la paix, on fait l'armistice.

On se détache de la famille de l'autre, de ses amis, on sort seul, on cherche des amies célibataires, des amis anciens. »

Lorsque le désamour naît au sein d'une relation établie où les partenaires continuent à vivre ensemble pendant un temps, comme dans ce cas, le processus de *désintrication* apparaît comme très complexe, dans la mesure où, tant dans l'espace que dans les habitudes de vie les domaines des conjoints se pénètrent, et où il faut le faire sans guerre ouverte. Le retour à soi, l'effacement des marques de l'autre en soi, la diminution des contacts avec lui mènent logiquement à une vie sociale indépendante de son partenaire. Ce repli sur soi, qui redélimite les contours de la personne, conduit à des redécouvertes.

Il ne s'agit en effet pas seulement d'une désactivation de la relation, mais d'un processus actif par lequel de manière inconsciente d'abord on retrouve des aspects de soi qui avaient été oubliés ou mis de côté. À un stade plus avancé de l'éloignement des partenaires, un sentiment de libération domine. Ces processus qui prennent des formes différentes selon le type de couple ont été étudiés avec précision par les sociologues du divorce.

Défaire le passé amoureux ou s'y faire : le devenir des cadeaux et des objets communs

La circulation des cadeaux et des objets est une parfaite métonymie de l'histoire amoureuse. Du cadeau amoureux des débuts au cadeau et à l'objet conjugal, le contenu change, à l'instar de la pratique amoureuse elle-même. Mais qu'advient-il des objets quand le désamour s'installe et que l'histoire commune s'achève ?

Leur destin témoigne à divers titres de l'avenir envisagé pour l'ancienne relation amoureuse. Est-elle dénouée sans ménagement, ou bascule-t-elle doucement dans l'oubli ? Est-ce qu'on défait activement l'histoire ou est-ce qu'on se fait à sa fin ? Les enjeux diffèrent selon que le désamour fait suite à une histoire encore peu stabilisée matériellement, ou à une vie commune. Les cadeaux et les objets peuvent ainsi être, en totalité ou en partie, jetés, rendus au partenaire, ou inversement gardés, relégués, oubliés. Dans les couples qui ont des biens communs, c'est la question du partage, c'est-à-dire de l'appropriation personnelle d'objets communs, qui est posée. Il s'agit de récupérer une part du domaine commun. On n'abordera pas cette dernière situation.

Détruire (jeter) les cadeaux du partenaire, voire ses lettres ou ses images, ou les lui rendre sont deux manières différentes, mais actives, d'en finir radicalement avec la relation amoureuse. L'idée est que les conserver avec soi aboutirait à prolonger en partie la relation ou la présence de la personne qui n'est plus aimée. Les objets sont devenus lourds et encombrants. Certains biens du partenaire, qui ne sont pas des cadeaux, ont pu rester dans un logement qui continue à être occupé par le premier. Les bijoux du partenaire, indices de sa présence passée, lui sont restitués. Ses vêtements lui sont rendus ou sont jetés. Il faut faire disparaître les traces de l'autre et défaire les signes du rapprochement pour ne pas en être marqué.

Dans le savoir-vivre traditionnel de la séparation amoureuse entre personnes bien élevées, il y avait la restitution des lettres envoyées, nouées d'un ruban. Cette pratique était devenue marginale bien avant le développement des échanges épistolaires dématérialisés par mail ou texto. Renvoyer une lettre d'amour ou un cadeau reçu sans qu'on vous l'ait demandé n'est plus en effet interprété comme un mouvement normal et attendu, à la suite d'une séparation.

Un débat que j'ai pu suivre sur un forum Internet en avril 2007 met en scène Blue Roy, qui consulte le groupe sur sa décision de renvoyer l'unique lettre d'amour qu'il a reçue de sa « maîtresse », après neuf mois de séparation. Il s'agit donc d'une relation dans laquelle, comme il le dit, « rien ne s'était encore construit ». Les participants à la discussion (six femmes et deux hommes) sont, à l'exception d'une seule personne, opposés à la démarche, dans laquelle ils voient une façon de prolonger désagréablement la relation par une forme d'insistance et de reproche, et lui conseillent plutôt de déchirer la lettre et de tout jeter d'elle, objets et cadeaux, une « politique de la terre brûlée » selon l'expression d'un des participants. Un idéal de la rupture nette à travers les objets, qui « fait de la place », même si les souvenirs ne sont pas éliminés immédiatement. Quelques jours plus tard, Blue Roy déclare néanmoins avoir renvoyé la lettre, avec sa photo (et apparemment d'autres objets), et se dit soulagé de l'avoir fait. Il s'était, dit-il, « accroché à la lettre dans l'espoir de renouer ». Il rend ses objets à son ancienne amie « comme pour lui dire qu'ils [l']indiffèrent désormais et qu'ils représentent un poids pour [lui], qu'il est devenu inutile de continuer à porter ». La position de cet homme illustre une manière aujourd'hui minoritaire de dénouer une histoire d'amour à travers les objets rendus. La forme alternative extrême dans les histoires courtes est plutôt de tout jeter. Mais entre ces deux options, les pratiques varient de façon infinie.

Une pratique alternative, pour se débarrasser d'un objet de l'autre, mais sans violence, est illustrée par la stratégie d'une jeune artiste de trente ans, déjà mentionnée dans le premier chapitre, qui dit à propos de sa rupture récente avec une partenaire : « Elle m'avait offert un très beau flacon de parfum, un peu lourd, et je continuais à en mettre. Mais je trouvais cela difficile parce que c'était elle. Alors un matin, comme j'habite au rez-de-chaussée, j'ai laissé le flacon sur le rebord de la fenêtre, et le soir il n'y était plus. Il y a quelqu'un dans la ville qui porte mon parfum. » En somme l'objet amoureux, métonymie de la partenaire, est remis en circulation !

Mais les stratégies radicales (se débarrasser de tout) ne semblent pas majoritaires. Dans la plupart des cas, les objets, ou une partie d'entre eux, continuent d'être là. Isabelle Clair, qui a étudié le devenir des cadeaux après une séparation dans un article intitulé de façon suggestive « Les reliques du premier amour[1] », montre la très grande variété des manières de faire selon les objets et les personnes. Parfois les objets restent à leur place mais le plus souvent ils ne sont pas visibles. Ils peuvent être relégués dans un

1. Isabelle Clair, « Les reliques du premier amour », *Consommations et sociétés*, n° 3, 2003.

carton ou un tiroir. Leur origine peut avoir été oubliée : un exemple est cité d'un vieux porte-feuille auquel une jeune femme était attachée, dont elle avait oublié qu'il lui avait été offert par son ami. C'est plutôt un déménagement qui scelle le sort de ces objets. En somme, dans tous ces cas, les objets, ou du moins certains d'entre eux, ont perdu leur charge amoureuse explicite, ils sont désactivés, ils continuent leur vie sans que leurs propriétaires perçoivent la nécessité d'une action plus volontariste. Les personnes ne cherchent pas à s'en débarrasser et ne se donnent pas pour objectif d'oublier complètement la relation rompue.

Genre et désamour. La parole rare

L'expérience amoureuse est marquée par une forme de division du travail qui émerge dès les débuts entre femmes et hommes, avec un partenaire féminin plus souvent en charge de l'entretien de la relation amoureuse (notamment sous la forme de la communication amoureuse) et un partenaire masculin « utilisateur » et plus passif. Elle se renforce quand le couple s'établit, tout en prenant des formes nouvelles. Le développement et l'entretien d'une sphère commune, qui contribuent à établir des liens nombreux entre partenaires, reposent plutôt sur l'activité des femmes, qui valorisent la connivence entre partenaires, tandis que les hommes manifestent une nostalgie des débuts amoureux du couple. Dans le détachement amoureux et le désamour, cette implication différentielle des partenaires est manifeste et bien connue. Les travaux sur le divorce et la séparation ont montré une tendance plus grande des femmes à prendre l'initiative formelle de la rupture. La poursuite d'une vie en couple insatisfaisante est plus insupportable pour une femme que pour un homme, qui même en temps ordinaire est plus à distance de l'univers domestique.

François de Singly a ainsi centré son ouvrage *Séparée* sur le point de vue des femmes. Il distingue trois manières de se séparer en fonction du type d'implication conjugale, dont deux se distinguent nettement. Les femmes du premier type « ont davantage misé sur le "nous" et se sentent flouées. Elles ont souvent du mal à refaire leur vie, une grande partie de leur moi étant devenue conjugale. Comment dire à nouveau "je" lorsqu'on a appris pendant longtemps à dire "nous" ? [...] Dans le deuxième type, les femmes peuvent demander la séparation sans avoir trop de reproches à adresser à leur partenaire. Elles veulent passer à une autre étape de leur existence pour leur développement personnel[1]. » Comme l'indique l'auteur, on se sépare comme on a vécu.

Plus qu'à l'initiative de la séparation, on s'intéresse ici à la manière dont le désamour est perçu, puis vécu ensuite par chacun. Les expériences à travers lesquelles s'éprouvent la perte de la familiarité avec le partenaire et la perte de l'enthousiasme amoureux, sont-elles les mêmes pour les hommes et les femmes ? Les femmes observent-elles plus ou plus tôt la désactivation de la relation amoureuse que les hommes ? Ce n'est pas certain. Il est plus probable que femmes et hommes ne l'observent pas dans les mêmes sphères. Aux signes de perte de la familiarité ou de la connivence que repèrent les femmes, correspondent plus souvent chez les hommes ceux du refroidissement de la relation sexuelle.

Ainsi à l'époque contemporaine il est devenu courant d'accuser le partenaire masculin d'être devenu silencieux et de ne plus se prêter au jeu de la connivence. Pourtant le silence peut être fréquent dans des situations conjugales ordinaires sans recevoir d'interprétation forcément négative, comme le fait remarquer Claude Habib : on ne se parle pas parce qu'on se

1. François de Singly, *Séparée. Vivre l'expérience de la rupture*, Paris, Armand Colin, 2011, p. 40-41.

comprend, tout simplement. Retenons qu'une division classique du travail affectif – homme silencieux, femme qui essaie de faire exister la relation – devient soudain plus manifeste, moins acceptée. Ou qu'une interprétation nouvelle est donnée d'une situation déjà ancienne, comme dans ce propos de la femme du grand bourgeois de Budapest dans *Métamorphoses d'un mariage* : « Autrefois il lui arrivait de me parler, avec une certaine prudence, toutefois, comme à titre d'essai, de son usine, de ses projets et d'attendre ma réponse, la tête penchée, comme un examinateur. Désormais, il n'y avait plus ni conversation... ni projets – sans doute n'en avait-il plus[1]. » La perception de l'observatrice accrédite l'idée que le partenaire s'est absenté de la relation.

De leur côté les hommes, dont on sait qu'ils souhaiteraient généralement une vie sexuelle plus active, peuvent décider à un moment donné, pour de multiples raisons, que la partenaire n'est plus intéressée et qu'elle cherche à l'éviter, et commencer à l'interpréter comme un rejet amoureux à leur égard.

Si la parole est rare dans le désamour, elle l'est souvent des deux côtés.

1. Sándor Márai, *Métamorphoses d'un mariage*, *op. cit.*, p. 54.

Amours insupportables

La littérature permet de réfléchir sur des cas extrêmes, qui ont peu de chances de se retrouver dans les expériences sociales communes. On peut les prendre non comme des cas d'école mais comme des cas limites, qui donnent à voir par contraste ce qui fait l'ordinaire de la vie amoureuse.

Ainsi dans *Belle du seigneur* les deux personnages, qui sont proscrits par leur milieu social, sont seuls avec leur amour : faute d'éléments de stabilisation sociale et de sphère commune, les deux amants se fatiguent à essayer de maintenir le mouvement de rapprochement initial dans un huis clos artificiel, séparé du monde, alors que la prévisibilité des comportements de chacun est devenue très grande et étouffante. La sexualité et ses rituels acquièrent un rôle central, ce qui à long terme devient proprement insupportable.

Faire l'amour, de Jean-Philippe Toussaint[1], fait le récit de la nuit de rupture d'un couple qui vit ensemble depuis sept ans. La relation est décrite comme passionnelle, et n'ayant jamais connu d'élément de stabilisation. L'imprévisibilité des

1. Jean-Philippe Toussaint, *Faire l'amour*, Paris, Minuit, 2002.

partenaires est permanente, insupportable, tuante. La relation fait alterner les moments de douceur et de haine. Le thermostat déréglé de la passion voit se succéder le très chaud et le glacial, comme dans la chambre du grand hôtel de Tokyo où les deux personnages vivent leurs derniers moments amoureux. L'activité sexuelle apparaît dans ces conditions comme une masturbation mutuelle agressive : « Notre bras-le-corps était devenu cette lutte de deux jouissances parallèles, non plus convergentes mais opposées, antagonistes, comme si nous nous disputions le plaisir au lieu de le partager[1]. » Seule l'absence rapproche. La présence éloigne. Jusqu'à ce que l'un des deux décide de s'éloigner définitivement.

Ces deux beaux textes, que nous n'avons pas utilisés dans notre analyse du désamour, font ressortir *a contrario* la place inévitable que prend la sphère commune dans les relations d'une certaine durée, et le changement de rôle de la sexualité, qui perd normalement de sa centralité dans la relation amoureuse. Lorsque aucune véritable sphère commune ne se crée entre les amants, et que la sexualité reste le contenu principal de la relation, il s'établit une relation figée mais instable et génératrice d'insécurité, avec des

1. *Ibid.*, p. 29.

niveaux d'emprise considérés comme inacceptables à long terme. Le désamour prend ici la forme d'une crise passionnelle.

Si l'amour naissant est l'expérience d'une convergence et d'une réciprocité, le désamour est celle d'une divergence, qui aboutit à un retrait et à un repli de chacun sur soi. À la remise de soi correspond la reprise de soi, pas toujours volontaire. À l'emprise sur l'autre correspond celle du détachement de l'autre. Dans le désamour, il n'y a généralement pas excès, mais insuffisance : le pouvoir et le plaisir ne circulent plus, ce qui démagnétise la relation et rend vide, lourd et ennuyeux l'univers commun qui s'est créé entre les amants.

Reste à voir pourquoi les signes du détachement amoureux paraissent si ambigus. Presque tous les éléments qui ont été relevés pourraient en effet recevoir d'autres interprétations. Plus que l'expérience de l'étrangeté de l'autre, qui devient étranger, compte l'expérience de la non-réciprocité, qui non seulement fait perdre son charme à l'échange amoureux mais le rend impossible. Il est probable que le désamour est, à un moment donné, recherché activement ou implicitement par les partenaires, qui s'évertuent à en trouver les signes. Le désenchantement amoureux est la rupture d'un enchantement, qui permet une reprise de soi, et ouvre la possibilité au moins théorique de se rendre un jour à nouveau disponible, ou non, à de nouveaux abandons.

CONCLUSION

L'énergie qui circule et le plaisir sont les pierres de touche de l'expérience amoureuse. On les ressent fortement dans les moments d'abandon des débuts d'une relation amoureuse, mais aussi dans les manifestations amoureuses discontinues mais parfois intenses d'une relation conjugale stable. Et c'est la perte d'énergie et de plaisir entre les amants qui signale le désamour.

Mais l'amour et l'expérience amoureuse sont aussi et indissociablement chargés d'incertitude, d'ambiguïté et de divergences. Ils reposent en effet sur un travail d'interprétation, qui donne un sens à des actes qui n'en ont pas en soi, ou qui ont des sens très divers selon le contexte et la dynamique relationnelle. En outre l'exigence de réciprocité entre partenaires a pour effet que chacun cherche une forme de correspondance entre ses pratiques et celles de l'autre. Mais les interprétations erronées et les divergences abondent tout au long de l'histoire amoureuse.

Dès les débuts, le rythme et le contenu des remises de soi diffèrent parfois tellement d'un partenaire à l'autre que cela conduit chacun à s'interroger sur la nature de la relation. Tel comportement du/de la partenaire, que l'individu interprète comme traduisant un enthousiasme amoureux, est secrètement désinvesti par l'autre personne, si bien que les deux ne vivent pas le même événement. Telle pratique, interprétée comme une forme de détachement, est inversement un moment nécessaire avant un moment de rapprochement. Telle manifestation d'intérêt est perçue comme une manifestation de contrôle insupportable. Et telle discussion sur un épisode passé de l'histoire amoureuse révèle toute l'ampleur, non perçue sur le moment, des différences de perception entre amants. Ainsi le plaisir amoureux n'est jamais exempt d'inquiétude.

L'individualisation des comportements et la maîtrise plus grande par les femmes de leurs conditions de vie, en comparaison avec les générations de leurs mères et grands-mères, ont eu des effets sur les dynamiques de l'amour. Des demandes féminines qui correspondent aux nouvelles attentes d'égalité des sexes et au désir de combler l'écart entre idéal égalitaire et réalité sociale peuvent apparaître à certains partenaires masculins comme des manifestations négatives de détachement amoureux, qui les conduisent à incriminer le « féminisme » et son influence supposée sur la psychologie des femmes. À toutes les époques, les transformations des conditions de l'échange amoureux se confrontent à ce type de résistances. Il n'en demeure pas moins que globalement les marges de manœuvre des femmes vont aujourd'hui bien au-delà de leur rôle ancien de chantres du mariage et de gardiennes de la morale sexuelle. L'emprise qu'elles gagnent sur le partenaire amoureux ne tient plus à leur réserve et au contrôle du rythme de rapprochement sexuel, hérités de la tradition de la courtoisie médiévale. De nouvelles possibilités et de nouveaux scénarios d'abandon amoureux sont apparus pour elles, reposant sur une forme de dépense de soi, qui n'entraîne pas nécessairement une dépendance au partenaire masculin.

Les expériences et les manifestations amoureuses n'occupent qu'une part réduite d'une vie, et même d'une relation. On passe beaucoup plus de temps à rêver d'amour ou à se souvenir d'expériences passées qu'à les vivre. Ce qui distingue notre époque est peut-être l'idée, devenue courante, que l'amour peut être vécu à plusieurs reprises, éventuellement avec plusieurs personnes en même temps. Le désamour n'est ni le contraire ni la fin de l'amour, mais une des conditions de son retour.

TABLE

Mise en pages PCA
– 44400 Rezé

IMPRIM'VERT®

Achevé d'imprimer
en février 2016
par Corlet Imprimeur
14110 Condé-sur-Noireau

Dépôt légal : février 2016
N° d'imprimeur : 179877
Imprimé en France